让一切如你所愿

如何在任何情况下拥有控制力和影响力

GET ANYONE TO DO ANYTHING

Never Feel Powerless Again

[美] 大卫 · J. 利伯曼 — 著

王敏 — 译

中信出版集团 | 北京

图书在版编目（CIP）数据

让一切如你所愿：如何在任何情况下拥有控制力和影响力 / (美) 大卫 · J. 利伯曼著；王敏译. -- 北京：中信出版社, 2021.4

书名原文: GET ANYONE TO DO ANYTHING: Never Feel Powerless Again

ISBN 978-7-5217-2790-6

Ⅰ. ①让… Ⅱ. ①大… ②王… Ⅲ. ①人际关系学－通俗读物 Ⅳ. ①C912.11-49

中国版本图书馆CIP数据核字（2021）第034829号

让一切如你所愿——如何在任何情况下拥有控制力和影响力

著　　者：［美］大卫 · J. 利伯曼
译　　者：王敏
出版发行：中信出版集团股份有限公司
（北京市朝阳区惠新东街甲4号富盛大厦2座　邮编　100029）
承 印 者：北京诚信伟业印刷有限公司

开　　本：880mm × 1230mm　1/32　　印　张：8.25　　字　数：185千字
版　　次：2021年4月第1版　　印　次：2021年4月第1次印刷
京权图字：01-2019-4505
书　　号：ISBN 978-7-5217-2790-6
定　　价：59.00元

服务热线：400-600-8099
投稿邮箱：author@citicpub.com

目录

第 2 章

再也不要受人愚弄、耍弄、利用、欺骗或被人占便宜

第 3 章

掌控一切局面，让任何人愿意做任何事

第 4 章

在竞争中取胜
击败工作、感情或竞赛中的竞争对手

第 5 章

让你的人生更轻松
学会如何快速处理人生中最烦人、最沮丧、最棘手的局面，且每次都占据上风

引言

你是否厌倦了任人摆布、被人利用？你是否觉得有时别人不将你的意见放在心上，你没有赢得应有的尊重与合作？如果你曾经盼望自己拥有驾驭每一次对话、每一个情境的能力，那么现在你的机会来了！假如你能运用最神奇的心理学策略，让事情顺着你希望的方向发展，让别人对你言听计从，让自己再也没有无力感，那么为什么还要被别人牵着鼻子走呢？

本书将带领你进入一个心理学主宰一切的世界。察觉欺骗和谎言、改变别人的想法、控制局面，这些都将成为小菜一碟。只需遵循一些易于学习的公式——一系列简单的技巧和策略，你就能轻松解决这些问题。

你将运用最复杂、最先进的心理策略，让你的大脑成为你最强大的武器。最振奋人心的是，你会发现，我们说的那些，并不是只能在某些时候、对某些人起作用的“小花招”。本书中谈到的都是影响人类行为的特定心理策略，它们能让你随时随地以智慧胜过别人、在思想上超越别人、以计谋打败别人。这些心理策略都是在特定心理学原理的基础上精心设计的，适用于任何情境。

不妨想象一下，如果你能预测和控制你所遭遇的一切，那么你的人生将变得多么轻松。你再也无须惴惴不安地琢磨接下来会发生什么。相反，在任何情境中，你只需运用那些已经得到证明、能够快速奏效的心理策略，从而获得所有人的全力配合就行了。

你是否曾经开口向人求助，而让你万分惊讶的是，对方立即高高兴兴地答应了你？或者，你希望给别人留下一个好印象，而对方觉得你完全让人无法抗拒？你也许会琢磨，这是不是全靠运气，或者拜对方的情绪和当时的场景所赐。但实际上，那很可能是因为：你在不知不觉中歪打正着地用上了某一个影响人类行为的心理策略。我可以告诉你一个好消息：读过本书后，你完全可以有条不紊、随时随地地让任何人重复那样的反应。

为了方便你学习如何应用这些心理策略，本书分为 40 个简短的章节，每一节针对不同的现实生活场景而设。最棒的一点是，你将看到，一旦你熟悉了这些心理学原理之后，你就能在任何场合随时随地地利用这些技巧和策略取得成功！

准备好让你的人生变得轻松自如，让一切如你所愿了吗？从你能让别人对你言听计从，并且再也没有无力感的时候开始！

本书的策略和使用须知

让一切如你所愿的心理学策略集大成之作

如果你希望自己的人生能够轻松、容易一些，那么你会把哪些事列入你的愿望清单之中呢？也许你的愿望清单会包括这些：在每一个人生阶段中，你都能知道如何避免被人利用、任人摆布；你可以用三言两语化解一次口舌之争；你懂得如何引导、影响、推动别人，让他们跟着你的思路走；你能通过建立友谊关系在短时间内改变别人对你的看法，做到左右逢源、八面玲珑。简而言之，你希望拥有轻松自如的人生。在本书中，你将学到如何应用种种神奇的心理学策略，在你人生的各个领域中大获全胜。

第 1 章:
让所有人都喜欢你、爱你，或觉得你很棒!

如果你希望自己能拥有成功的一生，你就得经常和别人合作。让人们做你想让他们做的事，就要先让他们喜欢你。无论你想结交新朋友还是新盟友，这些心理策略都会一步一步地向你展示，如何让别人觉得你很棒。此外，如果你想谈一场恋爱，你也有办法据此让别人发现你的魅力不可抗拒。而且，一旦你们开始正式交往，你完全能运用这些伟大的策略让自己一直保持优势。

第 2 章:
再也不要受人愚弄、耍弄、利用、欺骗或被人占便宜

如果你希望自己过得称心如意，你当然得提防那些不把你的最大利益放在心上的人，避免被他们操纵和愚弄。你得学会“看穿别人”，并轻松地判断出谁会帮你、谁会害你。在这一章中，你将学到一些实用的心理策略，这些心理策略能帮你立即判断出谁不怀好意、想占你便宜。由此，无论是在生活中还是在工作中，你将不会再无助地发现，自己又一次信错了人。

第 3 章:
掌控一切局面，让任何人愿意做任何事

现在，为了让事情顺着你希望的方向发展，你需要学会控制局面。在本章中你将学会：如何轻易地让别人跟着你的思路走；让别人理解、同意你的观点，并做你想让他们做的事！你将洞悉让某一个人或整个团队信任你、依靠你、并追随你的脚步的全部策略。无论是改变某一个人的想法，还是带领一个团队，这些最新颖、最先进的心理工具都将让你掌握如何让别人跟着你的思路走的策略。

第 4 章：
在竞争中取胜：
击败工作、感情或竞赛中的竞争对手

有时候，说服别人站在你这一边并不一定就能解决问题——特别是当你在和别人竞争的时候。你将在本章中找到让你每次都能胜出、无往不利的有效心理策略。无论是一场网球赛、一次职位晋升，还是一次约会，当你需要与人一较高下时，你就会发现自己已立于不败之地！在本章中你将学会如何让你的头脑成为你最强大的武器，以及如何让自己成为完美的心理斗士。

第 5 章：
让你的人生更轻松：
学会如何快速处理人生中最烦人、最沮丧、最棘手的局面，且每次都占据上风

如果每个人都和你一样和蔼可亲、讨人喜欢，那这个世界岂不是太美好了？但显然，有些人并非如此，而这些人的存在常常让我们大为恼火。所以，本章将为你提供一系列心理战术，帮你对付这些讨厌的家伙——一点点心理学，也能派上大用场。无论你是在盼望别人给你尽快回电，还是在祈求别人能够原谅你，这些小小的策略都会让你的人生更轻松！

备注：

由于这些心理策略都是基于人性而设计的，因此文化、种族和性别等因素在本书中可以忽略不计，除非另有说明。在本书所举的例子中，代词“他”和“她”是交替使用的，目的是避免性别歧视，而非暗示这一策略更适用于男性或女性。

第 1 章

让所有人都喜欢你、爱你，或觉得你很棒！

在本章中，你会发现一些能影响别人对你的关注程度的心理因素。你将发现，让别人喜欢你（或者不喜欢你）其实是一件多么容易的事。只需采取某个根据人性设计的简单策略，你就能轻而易举地让别人信任你、与你建立天长地久的友谊，或者得到浪漫的爱情。但有一点必须明确：这种做法并不是通过操控别人来让别人喜欢你。相反，你需要做的是协调运用多种心理学原理和方法，如此才能激发自然而然的化学反应。

那么，一个显而易见的问题是："既然我所做的一切不过是为了激发一种自然而然的化学反应，那么我为什么还需要这些小策略呢？有的本来就有，没有的本来就没有，这样才合乎逻辑，不是吗？"这样想貌似没什么错，但下面我们来解释一下为什么你仍然需要这些策略。

寻求归属感、结交朋友、关爱别人——这些都是我们作为人类的本性使然。但有的时候，让一个人放下姿态、"暴露"他真正的自我和真实的情感，并不是一件容易的事。大多数人渴望去喜欢、去爱、去与人建立良好关系，但他们害怕。总有什么东西在阻碍着他们表露出这些与生俱来的渴望：害怕遭到拒绝、脆弱、自负、嫉妒——在阻碍我们伸出手、与人沟通的各种混杂的情绪、态度和观念中，这些只是其中的几种而已。而心理学策略所发挥的作用，仅仅是影响一个人的自然状态，让这种本真状态"显现"出来而已。当我们去付出、去爱、去帮助别人的时候，我们感到很快乐，这是一种本能。所以，运用心理策略并不是给别人洗脑，并不是让别人无条件地听从你、服从你，而是让他人深埋在内心深处的种种渴望浮出水面。

在本章中，我们介绍的心理策略将覆盖各个层面的人际关系。而所有人际关系的核心，就是相互喜欢。没有一个人会被自己不喜欢或不尊重的人吸引（哪怕只是被吸引短短的一分钟）。因此，对于下面即将谈到的这些战略战术，尽管它们被细分成了一条条具体的策略，但我们完全可以，并且应该对其加以综合运用。最重要的是，本章第 1 节"让大家都喜欢你……每时每刻"不仅是这一章的基础，也是贯穿全书各个章节的主线。下文中我们还会进一步阐述它的重要性。

01

让大家都喜欢你……每时每刻

究竟是哪些难以捉摸的品质和特点能唤起友爱和喜爱之情？你马上就会发现，这些品质和特点一点儿都不难以捉摸。事实上，一个简单的公式就足以概括一切奥秘，这个公式能帮助你和任何人之间产生自然而然的化学反应。

我们是否喜欢一个人，实际上是建立在一系列几乎无意识的严密过程之上的，而并非偶然。但我们对这一过程是意识不到的，因此这一过程看起来仿佛并没有什么条理或逻辑可循。这真是大错特错。下文中，我将完整列出并详细探讨九大心理学定律和现象，它们能影响、左右甚至改变别人对你的印象，从而让任何人都喜欢上你。

另外，不要忘了，已有研究表明：喜欢一个人会影响我们对他（或她）所拥有的外在魅力的判断。反过来，我们也会更加喜欢那些在我们眼中更具吸引力的人。因此，本节和下一节的内容是密切相关的，可以作为整体策略的一部分加以运用。

联想定律

在后续的章节中，我们将更详细地讨论联想定律，但联想定律在本节中极为适用。简而言之，如果你让自己与某种会让对方感觉愉悦的“刺激物”绑定出现，那么对方就会把你和这种愉快的情绪联系在一起。举例来说，研究证实，如果你正在计划一次休假，那么你很容易就会把这种愉悦的心情和当时恰好出现在你身边的人联系在一起，无论那个人是谁。而且在此之后，你还会更加喜欢那个人。与之相反，相关研究向我们表明，在你胃痛的时候恰好出现在你身边的人，会在不知不觉中成为那个痛苦情境的受害者，换句话说，你很可能会对那个人没有理由地失去好感。当然，对方是否喜欢你，并非只受“你是否和令对方感觉愉悦的刺激物同时出现”这一点影响，但该因素的确会影响对方的判断，使对方对你产生或好或坏的强烈感情。

所以，如果你希望某人喜欢你，不如试着在他高兴，或者正为了什么事兴奋的时候去和他说话。这样的话，对方就会把这些正面的情绪和你绑定、联系在一起，从而对你产生好感。

要点提示

要判断一个人是否心情不错，一般很容易。但如果你有点儿拿不准，那就试着看看他的脸吧：

- 如果他心情不错，那么他在和你打招呼时很可能是满脸笑容、睁大眼睛的。如果他向你致意时只是动动嘴唇、挤出一点儿笑容，而不是整张脸绽放笑容，那么这就是一个“强挤出来的礼貌性的微笑”，通常反映出此人当时心情不佳。
- 眼神接触也能明确地表明情绪。在我们心情不错时，我们会和别人进行更多的眼神交流。相反，当我们心情不佳时，我们似乎会更多地低着脑袋，目光游移，尽量不去看正在和我们说话的人。

反复接触

有一句被广泛认可的谚语是这样说的：“过分亲密就会有所侮慢。”但有趣的是，这不是真的，事实恰恰相反。无数研究证明，你和他人互动得越多，对方就越喜欢你。

根据莫兰和扎荣茨的研究，如果让人们反复接触某一刺激物——在我们讨论的情况中是反复接触某一个人，那么人们对该刺激物的欣赏和喜爱程度就会增强（前提是初始印象不是负面的）。这一原理适用于一切对象——一个人、一个地方甚至一个产品：曝光率越高，其造成的影响越积极、正面。这也是为什么一些产品广告只呈现产品的图片或名称，而不会费力提及它的特性或使用这种产品有什么好处。

因为商家无须详细告诉我们这一产品有多棒，只需提醒我们注意到它就够了。单凭反复曝光这一点就能达成增加销售量、拉到更多选票的目的，这就是为何广告商和政客们会频繁利用这一效应的原因。在人类行为中，反复曝光这一因素的影响极为深远。有多项研究表明：即便是字母表中某个在我们自己的名字中出现的字母，也会比没有在我们的名字中出现的字母对我们更有吸引力。

换句话说，只需更频繁地出现在对方眼前，就能增加你在对方心目中的分量。有时，我们会犯下这样的错误：我们试图让自己显得神神秘秘、冷淡疏远或不易接近，但这样一来，我们就减少了与对方互动的次数。很多研究都表明，我们会和那些和我们走得最近的人交朋友，并且会很容易越来越喜欢他们，因为我们和他们的互动更多。（顺便说一下，你无须担心这种做法是否会违背稀缺定律这个问题，除非你希望对方被你吸引，迷恋上你！因为喜欢和迷恋遵循着不同的范式。关于稀缺定律，我们还会在本章后文了解更多。）

相互喜欢

无数研究（还有常识）告诉我们，我们更倾向于喜欢那些喜欢我们的人。当我们发现，对方对我们有好感时，我们就会在不知不觉中发现对方变得更加讨人喜欢了。因此，你需要让你的“目标”知道你喜欢他、尊重他，前提是你的确如此。

要点提示

如果他真的一点都不喜欢我怎么办？奇怪的是，已有多项研究证明：如果某个人一开始并不喜欢你，后来才逐渐改变想法，喜欢上了你，那么最后他会比从一开始就喜欢你的人更喜欢你。记住，如果你和对方的关系本来并不是特别好，那么一定不要突然来个 180° 大转弯，直接把对方当成你最好的朋友来相处。已有的研究结果告诉我们，循序渐进地增加好感，比立刻与某个人成为好朋友更加可靠。因此，不要让自己突然成为对方的头号粉丝。把握好“互相喜欢”这一原则，渐渐地让对方知道，你喜欢他。

相似度

差异越大，吸引力越大——这一观点并不正确。实际上，我们更喜欢那些和我们比较相似、有共同兴趣的人。我们也许会觉得那些和我们很不一样的人很有趣，但实际上，相似度和共性才是人与人相互喜欢的基础。要知道，物以类聚。因此，当你和对方聊天时，不妨聊聊你们两人都喜欢的事物，还有你们的共同之处。

还有一个与此类似的法则，被称为“战友定律”。一般来说，那些共同经历过足以改变人生轨迹的重要事件的人，更容易成为感情深厚的患难之交。比如一起打过仗的士兵、一起在兄弟会中宣誓过的朋友——这些曾经共患难的朋友，通常会缔结牢不可破的情谊。此外，如果双方并没有真正共同经历过什么大事，但都有过类似的经历，那么这一点也会让他们一见如故，成为知己好友。因为类似的经历同样能够充当感情的纽带。正因如此，两个素昧平生但有过相似经历的人，无论是得过同一种疾病，还是买彩票时都中过大奖，都很容易在短时间内成为无话不谈的好友。正是“她理解我”这样的想法，让经历相似的两人对彼此产生了温暖的情愫。这一切都可以归结到一点：我们都希望被人理解。那个影响人生的重大事件很可能在塑造今天的她的过程中产生了不可磨灭的影响。因此，经历相似的人，能真正“知道并理解”对方是怎样一个人。

你让她感觉如何

别人对你是什么样的感觉，很大程度上取决于你让她对自己产生了什么样的感觉。也许你会花上一整天的时间尝试各种方法让她喜欢你、对你产生好感，但最重要的其实是：当她在你身旁时，你给她带来了什么感觉。你是否曾经注意到，当你和习惯赞美别人、真诚和蔼、温暖热情的人相处时，这种感觉是多么美好。相反，你有没有想过，待在一个喜欢挑刺、看一切都不顺眼的人身边哪怕仅仅 5 分钟，会有多么让人厌烦！与这样的人相处会让你感觉到生命力的严重消耗。所以，成为一个让别人感觉舒服的人会让别人觉得你值得喜欢。

步调一致

步调一致能带来信任，在你和对方之间架起一座心灵相通的桥梁。当两个人步调一致时，双方之间的交谈就更容易变得积极、令人舒适。我们倾向于喜欢那些和我们兴趣一致的人，同样，我们也会不知不觉地喜欢上那些行为表现和我们一致的人。这意味着，当某人打手势的动作和我们如出一辙，或者说话时爱用的语词和我们一模一样时，我们就很可能会对他产生好感。在本书的各个章节中，我还将提到更多关于如何保持步调一致的细节。在此处，我只简单介绍两个与对方保持步调一致的有效诀窍：

- 模仿对方的姿势和动作：比如，如果对方把手插在口袋中，你就学着也把手插在自己的口袋中。如果对方打了一个手势，那么片刻之后，你不妨也随意地打出这个手势，但注意不要模仿得太明显。
- 模仿对方说话的方式：试着跟上对方的语速。如果对方的语气缓慢、放松，那么你也可以试着这样说话。如果对方说话语速很快，那你也不妨说快一些。

让对方给你帮忙

关于人性的研究告诉我们，人们在伤害了他人之后往往会更容易讨厌对方。请注意：我并没有说我们会伤害那些我们不喜欢的人，尽管有的时候我们的确会这样做。重点是，当我们伤害别人时，无论是有心还是无意，我们都会在不知不觉中变得更加讨厌对方。从心理学来说，这种倾向的内在原因是减少行动与认知之间的不和谐。（根据认知失调理论，当我们采取某些与我们的自我认知不一致的行为时，我们会感到忐忑不安。因此，为了减少这样的内心矛盾，我们会给自己的行为找到一些合理的理由，以使我们的行为和自我认知能够保持一致。）当我们有意无意地伤害别人时，我们的内心会产生矛盾：“我为什么这样对待此人?”然后我们给自己找到的合理理由很可能是:“一定是因为我并不喜欢他，这都是他咎由自取。不然，我不就是一个坏家伙或者一个冷漠的人了吗？这不可能。”同样，这一认知失调理论也适用于相反的情况。在我们为对方做了什么好事之后，我们就会变得更加喜欢对方。如果我们帮了谁的忙，我们就很可能对那个人产生更正面的情感。

因此。如果你能找到机会让他人帮你一个小忙，那么这件事就很可能让他对你产生一定的好感。我们常常会犯这样的错误：在试着让对方喜欢我们的时候，我们会想方设法为对方办事。他也许会感激你的好心，觉得你是一个好人，但这样做并不会让他更喜欢你，即便在他眼中你可能是一个值得喜欢的人。你需要的是让他对你产生好感，而不是让他相信你是一个好人。让他为你做事、给你帮忙，而不是你为他做事、给他帮忙，这样才行得通。

他只是个凡人

亲眼看到你仰慕的人做了件愚蠢的事，会让你更喜欢对方。和大众的普遍观念不同，为自己打造一个完美、自信的形象，并不会让你得到你想要的结果，换句话说，这种做法很难让你更受人喜欢，或赢得他人更多的好感。如果你希望成为一个更讨人喜欢的人，不妨做一点儿会让自己尴尬的事，然后再自嘲一番。不要强行忽略你做过的尴尬事，或假装这样的事并没有发生过。自贬自嘲式的幽默，是讨人欢心的好办法。

如果你向别人展示出你并没有太把自己当回事，对方就会感觉你很好接触，并且希望能与你更经常地待在一起。没人喜欢爱炫耀和爱卖弄的人，也没人喜欢太自我、过分重视自己的形象，且不得不为此假装自己很完美的人。我们更喜欢那些不会只关注自己的人，并且更容易受到这类人的吸引。让别人看到你完全可以调侃自己，会让你立刻变得容易接近、讨人喜欢。这一点和我们通常的认知背道而驰。我们总是试图表现出自己“很酷”“很重要”，但这样做往往会让别人觉得我们太把自己当回事了，这种“虚假的自信心”很可能会给他人留下坏印象。

人性的这个方面会让很多人深感困惑。没错，事实上，我们的确喜欢那些自信的人，我们更容易被自信满满的人吸引。但我们也知道，自信的人很清楚自己没有必要让全世界都知道他有多了不起。他会让世界上的其他人自己去发现这一点。所以，那些喜欢自吹自擂、自大傲慢的人，往往都是一些自卑的人，我们会出自本能地对他们丧失兴趣，认为他们缺乏吸引力。自信的人、有安全感的人，更倾向于嘲笑自己的错误。因为他不怕别人知道他也是个凡人。所以，这两者并不是矛盾的。不要太把自己当回事，承认自己的缺点和错误，就等于在向全世界宣告：我们充满自信。

积极的态度

正如我们之前谈到的，我们喜欢那些和我们相似的人。但这一法则有一个例外：没人喜欢和一个喜怒无常、常常生气、悲观消极的人在一起。我们都会寻觅、喜欢并仰慕那些积极乐观的人。为什么？因为那是我们每个人都向往的特质。看到别人身上拥有这样一种令人向往的精神状态，会让我们更加喜欢他们。的确有一些人会觉得那些每天笑着醒来、一醒来就很开心的人让人讨厌，也许你就认识这样的人。然而事实是，在某种程度上，我们总是会被那样的态度、那样的人吸引。试着想象一下你无法忍受与其共处的人，他们很可能是这样的：抱怨不休，总是在生谁的气，什么都爱挑刺，看什么都不顺眼。拥有积极向上的人生态度会帮助你成为一个“人气王”，像一块磁铁一样对别人充满吸引力，并能让所有人都喜欢你。

但是等一下！难道就没有因为同病相怜而成为朋友的情况吗？当然有。苦闷的人的确更喜欢与那些和他们一样对生活不满的人待在一起。但同病相怜本身并不会让他们更加喜欢彼此。觉得自己惨兮兮的人享受得到来自同样痛苦的灵魂的同情，并习惯于和他们一起抱怨生活。可一旦他在某一天心情变好，他就会立刻抛弃那些让人厌烦的、自带“毒性”的家伙。是的，他会从那些和他一样感觉糟糕的人那里寻求安慰，而一旦他不再有这样糟糕的感觉，他就会立即和对方分道扬镳。这正是因为他从来都没有真正喜欢过对方（至少是从没喜欢过他们的这一不幸的共同点），他只是喜欢别人和他分享倒霉事。

策略回顾

- 尽量增加和对方相处的时间，因为熟悉能增进好感，而躲避只会起反作用！
- 当你想和对方交谈时，试着实践联想定律，在对方心情不错时与之交谈。聊聊你们的共同兴趣或共同经历，试着多听少说。
- 实践相互喜欢的定律，如果你因为什么事情而尊重或仰慕他，请务必让他知道。
- 让他帮你一个小忙，但前提是确保这种帮助不是出于义务或责任感。这种做法会触发一种无意识的动机，促使对方更喜欢你。
- 尝试模仿对方的手势、语速和说话方式，达成步调一致，形成默契，在你们二人之间架起一座心灵的桥梁。
- 我们总是会被自信的人吸引。通过自嘲、不把自己太当回事的态度展现你的自信。
- 让对方对自己感觉良好。做一个懂得赞美别人、真诚和蔼、温暖热情的人。
- 保持积极向上的精神状态。我们会被那些对生活和生命充满热情和喜悦的人吸引。

- 请参阅下一节，“让别人觉得你的魅力不可阻挡”，因为我们会更喜欢那些我们觉得更有吸引力的人——无论对方是同性还是异性。

02

让别人觉得你的魅力不可阻挡

的确，每个人都有自己的审美观，但本书中的这些心理策略仍然能帮助你实现“个人资产”的最大化，并且在大多数情况下，颠覆他人关于吸引力的基本判断。那么，如何才能做到这一点呢？你是否有过这样的经历——你约会的对象其实压根就不是你喜欢的类型，那么，你为什么还是愿意和对方约会呢？因为他或者她能自如地运用这些法则，而且很可能是在不知不觉中运用的，而从结果来看，你觉得对方的魅力根本不可抗拒。

如果你希望自己能吸引任何人，不妨先尝试运用上一节中提到的策略，然后再运用本节中的策略，如此，你成功的概率就会大大增加。无数研究以及真实生活中数不清的例子告诉我们，我们越喜欢对方，就越觉得对方有吸引力。尽管下文所列出的这些策略大部分是专为浪漫关系特别设计的，但事实是，我们很少会觉得我们不喜欢的人有什么吸引力。所以，不妨把前一节中介绍的那些策略也纳入你的整体制胜战略中，让自己在社交领域战无不胜、势不可挡。

情绪唤起

用好这个策略能为你自己制造更多的约会机会，它比任何发型、服装或高薪工作都管用。当我们的身体产生肾上腺素时，我们会很容易被我们面前的人吸引，从而被激发性欲，这是人类行为的生理基础。肾上腺素，是在情绪高度兴奋的唤起状态（无论是因为恐惧、激动、体育锻炼还是因为别的什么）之下产生的，它会诱发并强化种种炽热的情感（假设吸引力的确以某种形式、在某种程度上存在）。

当一个人的情绪被恐怖片、游乐园中的一些刺激性项目甚至某项体育锻炼唤起之后，他会将自己被唤起的情绪部分地归因于和他在一起的人身上，无论那个人是谁。实际上，当他所感受的兴奋情绪被无意识地转化为对性的诉求和性唤起时，这种移情就实现了。当你下次看到一对从外表看来并不匹配的夫妇时，不妨问问他们是在哪里认识的。一个可能的答案是他们相遇于某个很容易引发情绪唤起的环境或情境，也许是在健身房，也许是在某一个人（两人中更好看的那个）为某件事而忧虑、紧张或激动的时候。

要点提示

正因如此，心理学家们近年来也越来越为当前的一大流行趋势所困扰——在视频游戏、电影和电视中，关于暴力和色情的内容越来越多。性与暴力这两大刺激物的组合，会导致性行为中更强烈的暴力和攻击倾向。

步态

年轻常常被视作个体外在魅力的一大构成因素。但有个好消息是：你无须拥有年轻的外表，只需显得年轻就可以了。即便是像仪态和步态这样看似微末的细节，也在我们判断一个人是否年轻时扮演着极为重要的角色。步态绝对会影响一个人的外在吸引力。人们更喜欢那些步态显得年轻的人，而不是那些步态显得苍老的人，对步态的注意会让人忽略对方的真实年龄或性别。那么，什么样的仪态和步态算年轻呢？灵活性决定了一切。试着观察一个小孩子的举动，你会发现：和一个老年人相比，小孩子总是显得特别灵活。练习瑜伽能大大增强你身体的灵活性，并让你的整体仪态、步态产生天翻地覆的变化，让你的吸引力大大增加。

要点提示

为什么“年轻”如此吸引我们？对此问题有好几种颇为流行的理论给出了解释。其中最被人们广泛接受的一种理论认为，这源自人类祖先传承下来的一种生物本能。外表年轻的女性更可能处在生育期内——在男性看来，这就是一种理想的状态。而在女性看来，年轻的男性更有男子气概，能更好地保护自己和她们的孩子，并更好地承担起养育家庭的重任。

凝视一个人的眼睛

你知道吗，凝视一个人的眼睛，真的能让对方爱上你——这是无数针对吸引力和两性关系的研究所得出的统一结论。在其中一项研究中，研究人员将参与者分成男女两人一组，并要求两位不同性别的年轻人凝视对方的眼睛 2 分钟。这项实验得出的结论是：仅仅盯着对方的双眸注视片刻这一行为，就足以让参与者对彼此产生炽热的感情。

如果你想利用这一策略，那么试着在与他人交谈时，在讲话和聆听的时候直视对方的双眼。在大多数情况下，当我们在与他人交谈时，我们往往只是不聚焦地盯着对方的整张脸，或将目光游移向别处。但如果你在和对方交谈时直视他的眼睛，你就能不着痕迹地运用这一心理策略。

对比和联想定律

如果你希望别人觉得你富有魅力，最好的办法就是：在你和对方首次见面时单独赴约，或者请一位有魅力的异性朋友作陪与你共同赴约。这就是对比定律和联想定律发挥作用的基本场景。

我们往往不会根据一个人本身去评价他，而是会将此人和其他人进行对比，在第一次见到某个人时更是如此。我们会将这个人的外貌特征，与和他一起的人相比较，并据此做出判断。关于此问题已有过许多研究，研究证实，在不久前看过泳装模特的那些男人，会觉得其他女人，甚至包括自己的妻子，都变得没有那么有魅力了。

这是我们经常犯的最大错误之一。在对方有机会了解真正的你之前、在你有机会采取其他策略去影响对方的判断之前，对方首先会以貌取人、根据外貌对你做出判断。因此，让我再强调一遍，如果你希望对方对你感兴趣，那就不要和那些比你更有魅力的同性一起出现。

此外，当你和对方见面——通常是第一次见面的时候，也不要和一些极其没有魅力的人一同前往，无论是同性还是异性。因为联想定律会在此类场景中起作用——我们会把几个同时出现的人看成一个整体，而不是单独的个体。

因此，我再重复一遍，你的最佳方案是：独自赴约或与有魅力的异性朋友一同赴约，这让你可以不受干扰地运用你的其他策略。（你可以与一个有魅力的异性朋友一同赴约的原因是：当一个群体中的各个成员之间的差异大于他们的相似之处时，联想定律将优先于对比定律起作用。换句话说，你的同伴会让你显得更有魅力，因为你们会被视为“一个整体”。）

自尊与魅力

如果你相貌平平，不妨试着使用这一策略，它会让你在与对方初次见面的时候让你在对方眼中魅力大增。

伊莱恩·沃尔斯特·哈特菲尔德的一项研究表明，当一位女性被介绍给一位男性时，如果恰逢这位女性的自尊心受到了一些伤害，那么与她在自尊心没受到伤害的情况下相比，她会觉得那位男性更有魅力。当然，你并不需要费尽心思地让对方感到自卑难受，但你应该知道，如果对方近期内曾被别人拒绝过，那么和她非常自信时相比，她的确会觉得你更有魅力一些。“反弹效应”就是这一定律起作用所引发的连带结果：人们会发现，自己在一场恋爱结束后很快又谈起了恋爱，而对方往往是一个她在“正常情况下”绝对不会考虑的人。

另一个“趁虚而入”的办法是在对方和其他更具吸引力的人在一起时接近她。相关研究表明，当我们感觉到周围的人比我们自己好看时，我们会对自己以及自己的外貌丧失自信。换句话说，当我们自己的自尊心受到伤害时，我们会觉得他人更有魅力。

所以，当对方自我感觉不太好的时候，不妨去和她交流谈笑，表现得友好一些。此处值得注意的是这条关于人性的定律：越是得不到的东西，人们越想得到；越是必须付出努力才能得到的东西，人们就会越喜欢。所以，要注意在运用这条策略时不要做得太明显，体贴一些、多关注对方一些，但不要过度。在下文中专门分析在与人相处时如何把握先机、取得优势的部分，我们还会更详细地阐述这一点。

相互喜欢

在上一节中我们谈到过相互喜欢这个定律，在这里再次强调这一点是因为：这一定律也会影响我们的恋爱关系。研究表明，当我们发现我们喜欢的人也觉得我们有吸引力的时候，我们心中的浪漫情愫就会被唤醒。再说一遍，我们不仅会喜欢那些喜欢我们的人，一旦我们发现有人被我们吸引，我们也会更容易被这些人吸引。这是因为，激情的一大要素就是希望。如果你发现对方对你毫无兴趣，你可能仍会觉得她有魅力，但不会对她产生真正的、强烈的爱和欲望。希望为更强烈、更炽热的爱铺平了道路。当我们发现对方也对我们有好感时，这一事实就给我们带来了无限希望——我们是有可能成为恋人的，于是我们对他或她的感情就变得更加强烈了。

策略回顾

- 在人的情感容易被高度唤起的场合或情境中，和对方一起做些事。
- 展现出年轻之感能增加你的吸引力。你的仪态和步态将大大影响别人对你的感观，即在别人眼中你看上去有多年轻。
- 只需凝视对方的眼睛就能轻易燃起对方的激情。在说话和聆听时，请直视对方的眼睛。

- 当我们对自己不太自信时，我们就会觉得别人更有魅力。同样，在对方感到局促不安时接近她，会让你显得更有吸引力。
- 如果对方已经喜欢上你了，不妨让她知道你也被她所吸引，这么做能进一步增强你的吸引力。
- 复习第 1 节中的策略。如果你已经正式开启了一段恋爱关系，请遵循第 5 节“让所有人都把你视若珍宝”中的建议，让激情保持下去。但别忘了，如果你还没有和对方见过面，你首先要给别人留下最佳的第一印象。所以，现在让我们进入第 3 节“如何给别人留下美好的第一印象”，我们将在这一节介绍更多的心理学策略，让你的总体战略更加完善。

03

如何给别人留下美好的第一印象

你再也无须担心你会给别人留下什么样的印象了，因为，只要你把本节提到的这些心理学策略付诸实践，那么你必定每一次都能给他人留下最佳的第一印象。无论是在个人生活中，还是在职场环境中，这些心理学策略都会让你比你的竞争对手更胜一筹。记住，这些策略和第 1 节“让大家都喜欢你……每时每刻”中的策略是互补的。因此，在复习时请同时回顾第 1 节和本节中的内容，让所有这些策略随时待命，这样你就能更周密地设计你的整体战略了。

给别人带来美好第一印象的头号策略是最容易实践的，它就是：微笑！微笑拥有 4 种强大的影响力：它传达出了自信、快乐、热情，还有最重要的一点——它表达了你对别人的接纳。在别人看来，一个微笑的人是自信的。因为当我们紧张不安时，或者当我们对自己的状态或周遭的环境感到不确定时，我们不太可能会露出笑容。微笑当然也能传达幸福和快乐，而我们总是会被快乐的人吸引，我们会觉得他们很亲切。此外，如果想给人留下好印象，那么热情至关重要，因为热情会感染他人。如果你在微笑，这说明你很高兴能来到某个地方和对方见面，如此，对方也会对与你见面这件事更加期待。最后，微笑还能传达出接纳之意。你的笑容会让对方知道你无条件接受他这个人。你有没有想过，狗为什么这么招人喜爱呢？因为它们迎接我们时表现得就像它们完完全全接纳了我们。换句话说，如果你有尾巴，那就摇一摇；如果你没有尾巴，那就笑一笑。当然，给人留下良好的第一印象还涉及许多其他的因素，让我们继续。

说到第一印象就不得不提"首因效应"：我们对他人产生的第一印象，会引导我们根据这样的第一印象理解对方随后的行为。换句话说，这意味着我们对他人产生的第一印象至关重要，因为我们随后看到和听到的一切，都会经过我们对其初始印象的过滤。事实上，在你刚认识一个人时，你就在心中创建了一个对方的形象。你所看到的对方随后的行为，都是经这个第一印象过滤过的。反过来说，如果对方对你的第一印象是正面的，那么他以后对你的态度就会相对宽容一些。

首因效应极为重要，甚至连我们接受的关于某个人的信息的先后顺序，也会改变我们对他的印象。请看下面的两行词语组合：

a. 冷淡的人，勤奋，爱批判，实际，坚定
b. 热情的人，勤奋，爱批判，实际，坚定

哈罗德·凯利在 1950 年的一次研究中，a、b 两组词语是对一位

即将来访的客座教授的不同描述。看到 a 组描述的学生对这位教授产生的印象，比看到 b 组描述的学生对其的印象更糟糕。但正如你所见，a、b 两组描述中除了第一个词不同之外，后面的词都是一样的。在我们看到第一个描述词后，后面的所有词语所描述的品质都经过了我们对此人的初始印象的过滤：他是一个冷淡的人，或者，他是一个热情的人。

因此，请好好把握初次见面时的黄金时刻，展现最好的一面，因为你们之后的交流都会经过它的过滤。这也是为何微笑如此重要的原因之一。你可以在和对方甫一见面就展露笑容。要知道，你的微笑透露出了那么多信息——而且所有这些信息都是正面的。

另一个会在很大程度上影响他人对我们的最初印象的因素是，可提取性和启动效应。简单地说，已有研究清楚表明：那些我们能够轻而易举地回忆起来的想法和看法，将极大地影响我们对他人的感知。

前人的一项研究充分证明了这一点。在一次实验中，那些率先熟记了“鲁莽、自负、冷淡、顽固”等词的参与者，随后往往会对一位虚拟人物产生负面印象。他们会把这个虚拟人物看作一个傲慢无礼，而且会在毫无必要的时候铤而走险的人。相反，那些率先熟记了“冒险、自信、独立、坚持不懈”等词的人，随后往往会对虚拟人物产生正面印象。两组参与者对虚拟人物的评价差异可以归因于他们记住的不同组词语及其所对应的意义在他们的脑海中形成的先入为主的印象。这种印象大大影响了参与者的感知，尽管他们感知的对象是一个首次被“介绍”给他们的陌生人。实际上，这些词语本身和那个虚拟人物毫无关联，但在这些参与者的大脑中，他们记住的词语所代表的性格特质更具“易提取性”。于是，他们就在无意识中将这些特质强加给了他们随后遇到的人。

所以，如果某个人在近期接触了更多的正面词汇，那么你就能更容易给对方留下一个好印象。如果你是一名求职者，那么你应该在简历中多使用一些正面的形容词（比如自信、精力充沛、果断、热情、机智）。除了介绍关于你是谁、你能做什么之类的信息之外，你还应该使用一些明确、具体、积极的语言，来准确表述你所拥有的才华和能力。如此，当面试官在浏览你的简历后不久邀你面试时，她就很可能已经把你用积极词汇描述的这些特质“先入为主”地与你本人联系在一起了。（在第 26 节“宣布坏消息的最佳方式”中，我们能看到另一个生动有趣的例子，同样证明了语言的强大力量。）

要点提示

那些刑事辩护律师常犯的一个最大错误，就是在犯罪细节“新鲜出炉”，仍然在陪审员们的脑海里挥之不去的时候，就将被告带上被告席。一个更好的策略是，先让证人或专家登上证人席，给出对被告而言积极正面的、令人信服的证词，再让被告紧随其后出庭接受讯问。

无论是在个人生活中还是在职场中，在你被介绍给别人前，你都需要提前在对方的潜意识中为对方能对你产生一个好的第一印象打下基础。在你被正式引荐给对方之前，你可以让销售顾问或你的助理用积极向上、令人振奋的语言和对方聊聊最近的一次度假，或者讲个故事，这种做法会带来相当好的效果。举个例子，她可以使用这样一些描述语言："那里美丽、壮观的景色……能让人感到完全的放松，给人带来一种宁静感……和安全感。"此类话语能将这些正向的主题刻印在对方的脑海中。

个人生活中的一些会面场景带来了更多的挑战，因为向他人介绍某个未出席的第三方总是显得不太实际。避免这点的一个办法是：在谈话刚开始时，你就使用正面的词语来介绍自己。即便你没能得到首因效应带来的那些益处，你也能激发联想这一强大的影响因素，使其发挥作用，正如我们在第 1 节所介绍的那样。这些正面的描述会"黏"上你，让对方在不知不觉中把它们和你联系在一起。

要点提示

注意，谁说除了第一印象之外，你再也得不到第二次机会了？如果你在第一次会面时做了什么极不合适的事或蠢事，不要试图为你的行为做任何辩护。此时只有一种方式能解决问题——对对方说："我太难为情了。"为什么？因为这短短的一句话，传达了三条非常重要的信息：第一，这表明你知道你所做的事是不被接受的，也意味着你以后不太可能再干这样的事了。第二，这说明你也是个普通人，而当我们承认自己干的蠢事或尴尬事，并愿意为此负责时，别人实际上会更对我们增加好感。第三，这说明你很诚实——谁不愿意和诚实的人打交道呢？

策略回顾

- 微笑！微笑拥有 4 种强大的力量，它传达出了自信、快乐、热情，还有最重要的，它表现出了对他人的接纳。
- 利用首因效应，让最初的片刻（最初的 5 分钟左右）成为展现自我的黄金时刻。如果你成功做到了这一点，那么你随后的言谈话语都会经过最初时刻的过滤，给对方留下一个极佳的印象。
- 一些涉及可提取性及启动效应的心理现象，能极大地影响他人对我们的最初感知。所以在你和对方见面之前，先设法在对方的潜意识中打下一个好的基础。

04

在与人相处时把握先机

4 个最大的错误及如何避免它们

我知道你不喜欢耍手段。但无论如何，你总得和别人“玩”下去，所以你最好还是让自己占据先机。无论是在职场中还是在个人生活中，能够让你在任何一段人际关系中占据优势的原则都是一样的。

当你和异性约会时，你是否疑惑，为什么你并不喜欢的那些家伙似乎总也摆脱不了，而你真正心仪的人却从不主动邀约你？其实原因很简单——问题并不出在对方身上，而出在你在对方面前的行为表现上。

人类会对怎样的同类感兴趣，这究竟是由什么因素决定的？这个问题很有意思。事实上，在一段人际关系的开始阶段，大多数人都是抱着观望态度的。这意味着，别人随时都可能喜欢上你，或不再喜欢你了。他会向哪个方向摇摆，是离你更近，还是离你更远，完全取决于你如何与他相处。

这是因为，我们是人，我们永远受到人类本性的指引和支配。所以无论你的约会对象是否对你有好感，这都不是对方的问题。对方是否对你感兴趣取决于你自己的行为。所有你喜欢的人都“不想给你承诺”，而所有你不那么感兴趣的人都想和你谈婚论嫁，这在统计学上也是完全不可能的。所以，如果不是你本身（你的外貌、个性、出身等等）的问题，那么就一定是你在他面前做出的某个行为，决定了你们之间的关系走向，影响了最后的结果。

这一极为有用但也非常简单的心理策略，可以总结为一句话：在你不喜欢的人面前，你应该给出的表现是你在你喜欢的人面前给出的那种表现。反之，在喜欢的人面前，你应该给出的表现是你在你不喜欢的人面前给出的那种表现。人的行为涉及诸多方面，下文我们将探讨其中的四大主要因素。

可得性

人人都想得到他们得不到的东西。所以让你自己随传随到其实是在降低你自己的身价。这不是在说让你要手段、玩花样，而是说这就是人类行为的一种内在机制。人的魅力并不是固定不变的。换句话说，别人对你有什么样的看法，在很大程度上取决于你做了什么，而不仅仅由你是谁、长相如何来决定。在我们生活的各个领域中，稀缺定律时时刻刻都在发挥着重要作用，特别是在人际交往这一方面。多如牛毛的东西往往不受重视，而少之又少的东西往往大受追捧，并被认为价值不菲。当你和你不太感兴趣的人约会时，你会在你方便的时候才去赴约。而当你和你真正爱慕的人约会时,你往往随传随到、随时奉陪。事实上，反过来做才是正确的!

具体而言，如果你在和你不太喜欢的人约会时并没有做过为他烤饼干、一天给他打两次电话、不断追问你俩走到哪一步了等诸如此类的事情，那么在你喜欢的人面前，你就更不要这样做了。顺便提一下，如果你真的用这种方式对待你并不喜欢的人，他们很可能很快就会被你吓跑，那么你就解决了这个麻烦。

但是等等！在第 1 节我们说过，如果你希望别人喜欢你，你就要让自己变得容易接近，因为亲近有助于增进感情。但如果这是对的，那这个岂不是和稀缺定律是相互矛盾的吗？这一点的确经常被人误解。没错，如果你希望别人喜欢上你，那么你的确应该多多出现在他们面前。但是，记住，“好感”是各种人际关系的基础。这意味着，一旦你们已经越过了好感期（对方已经喜欢上你了），那么你们两人的关系便开始进入更加正式的阶段，此时你就不该再随叫随到，而是应该有所保留了。

要点提示

问题来了，我们常常看到，美女的伴侣往往也是俊男，而反之亦然，不是吗？如果吸引力和外貌没什么关系，那么现实为何如此？这是因为，我们在和与自己的魅力水平差不多的人在一起时，往往会觉得最舒适自在。（这与多年来的研究结果是相符的。研究表明，总的来说，人们喜欢和与自己处于同一魅力层次的人交朋友。）俊男靓女有时会让相对显得相貌平平的人感到不自在。这就导致这个长相相对逊色的人很容易乱了方寸，做出一些和平时不一样的行为——把对方捧上神坛，并做出本节后文列出的不该做的那 4 件事。问题并非出自她本身——是出自她做的那些事，是她的行为表现导致了最终的结果。有时你也会看到，那些魅力非凡的人会选择和魅力一般的人交往，这也从侧面证实了这一理论。在这样的关系中，那个魅力相对非凡的人很可能对双方的关系很有信心，因此其表现就和其他那些魅力一般的人不一样了。（因此，如果我们把握好本节提到的四大因素，我们就能复制这种信心，在与人交往时取得制衡的优势。）

洞察全局

在与人交往时，你需要掌握洞察全局的能力。在生活中，当我们只拥有一个快乐的源泉时，我们往往会过度强调其价值和重要性。除了爱情之外，你应该去寻找其他的人生意义，如此一来，你所追求的那个人才不会占据你的整个世界。在你人生的其他领域中找到满足感，这一点非常重要。因为只有这样你才能保持开阔的视野和敏锐的感知，而不会完全依赖于某一个人对你的感情，并将其作为你的幸福感和满足感的唯一来源。当你在和自己不太中意的人谈恋爱时，你完全能洞察全局，因为你不会这么想：“他是我的唯一！如果我失去了他，我的世界就崩塌了！”相反，你会这样想：“好吧，那我就拭目以待吧，也许我会慢慢喜欢上他，也许不会。”正是这样的心态最终转化为让你占据优势的态度，也正是与此种心态相匹配的行为，最终让你显得更有魅力。

激情

有的感情走得下去，有的感情走不下去，这是怎么回事？原因何在？答案很简单，一切的关键就是：你视之为理所当然的事物，你不会欣赏它。这就是为什么现在的许多人不再能感受到生活中的快乐。他们总想拥有更多，但对于他们已经拥有的一切，他们毫无感恩之心。而且，如果你不为自己拥有的一切感恩，你就会逐渐把这一切都视作理所当然，从而无法再欣赏这一切了。而当你不再欣赏某一事物时，它就不能给你带来任何欢欣喜悦了。

感情也遵循同一个道理。如果对方把你视作理所当然，那么对方就不会欣赏你，而是会去找别人。与此类似，如果你去看医生，而医生告诉你你的听力可能快要丧失了，那么你很可能会比以往加倍欣赏世间的各种声音。

我们不该把这些事物视为理所当然——只有在受到这样的提醒之

后，我们才会对这些事物心存感激。如果你认为某一样东西会随时从你身边消失，你就不会把它当成某种理所当然的存在。同样，如果你的恋人对你们二人的关系始终抱持着一种轻微的不安全感，或者说抱有一丝怀疑，有点儿缺乏信心，那么他或她就不会表现得过于傲慢自大了。因此，你需要偶尔主动制造这种轻微的不安全感，否则你就会失去推动感情升温的那份激情。

要点提示

既然对方随时都有可能离开我们——比如因为出了意外，或者生了一场病，那么你为什么还要制造更多的不确定因素呢？如果你们二人已经进入热恋阶段了，那你当然不必再这么做了。这个小诀窍是为那些尚未进入这一阶段的人准备的，对这些人来说，短暂地、人为地制造出一种不确定“氛围”很有必要。

再强调一遍，如果对方对你们二人的感情没有一丝的疑虑，那么对方很容易就会认为：“你会一直都在。”如此，他便再也无法看到你是多么的好，也再也不会用心欣赏你了。他会把你看作理所当然，而激情也就随之熄灭了。但恋爱中的你完全可以通过引入一丝不确定因素，在转瞬之间重燃激情，并逆转你们二人的关系。正如前面那个看医生的例子：如果你不知道你有可能会丧失听觉，那么你压根不会重视自己的这项感官。当疑虑被引入二人的平衡模式之后，你的思维方式就会发生改变！我必须反复强调这一点：当所有的怀疑因素都被消除之后，对方就会把你视为理所当然，就不会欣赏你，而恋爱中的激情也就消失殆尽了。

不幸的是，当我们对一份感情产生不安全感时，我们的表现往往是愈发纠缠不放，而这样做是在进一步损害两人之间的关系。如果你这么做了，你就是在强化“你永远都属于他”的感觉，打消对方害怕你会离去的顾虑，到那时，激情就彻底熄灭了。这是事实，是人性。但既然现在你已经明白了这一点，你就能利用这点让自己占据优势。

别忘了，该因素与本节中提到的其他因素，并不仅仅是偶尔奏效的恋爱小伎俩，这些都是支配人类行为的不二法则。如果你能好好利用这些因素，依据情境和目的调整参数并行动，你就能在任何关系中获得绝对优势。但记住，不要犯下那个大多数人都会犯的错误——在“影响他们的自我感觉”这一点上翻船。

要点提示

为什么我不能拥有开诚布公、彼此坦诚、相互信任的两性关系？当然可以了，但你得等到你们两人都陷入爱河时才行，原因如下：以上三个策略都是以“我”为中心的，设计的目的是让你能走到彼此相爱的阶段。但在此之后，你就不应该继续使用这些策略了，这样你才能进入一段真正成熟、持久的两性关系。简而言之，爱是自我的丧失、是无“我”的。而一旦爱情生了根，推动你们二人关系的驱动力就发生了改变。对方越是随传随到，为你做得越多，你就越爱他。至于激情的维持，你只需要在你觉得对方多少有点将你视为理所当然的时候，适时引入一些不确定因素就足够了。

影响对方的自我感觉

你让对方对自己产生了怎样的感觉，决定了对方是否会喜欢你。这一点与我们前面所说的并不矛盾。你仍然应该继续按照前面提到的策略行动——注意你的态度，保持若即若离，但你也的确应该善待对方。人们往往会给出这样的建议：别让她太自信，别太巴结和恭维她，因为这样她就会“知道你喜欢她”，就会对你冷淡下来了。这个建议真的太糟糕了。在某种程度上，我们知道这有可能是事实。因为当我们察觉到谁喜欢我们时，虽然我们可能会觉得受宠若惊，但我们也会发现自己对那个人变得没那么感兴趣了。会出现这种反应，是因为下面这条原则在起作用：我们一心想要得到那些我们得不到的东西，我们更加珍惜那些我们付出努力才能得到的东西。如果它从天而降，得来全不费功夫，那么我们就不会那么欣赏它了。

但是，表现得体贴殷勤、温柔和蔼，与告诉对方她是你的整个世界、是你的唯一，存在着天壤之别。（因为正如我们说过的那样，后者会消除对方的一切顾虑，并破坏你们二人之间的感情。）前者要客观许多，而且主要和对方相关；而后者涉及你们两人的关系，违反了稀缺法则。请注意以下两者是有天壤之别的：一种是告诉对方你有多么喜欢对方（这会让你失去优势），另一种是告诉对方她很讨人喜欢、很了不起。仅仅赞美对方而不提及自己会让她感觉很棒，也会让你显得很不错。这是一种双赢，因为只有自信的人才会告诉别人“她很好，她很棒!”而我们都喜欢自信满满、有安全感的人。这两者之间的界限多少有些模糊，因此我们最后往往会倾向于“要酷”，不想向对方表示赞美。这样做并没有什么好处，而且还会制造出一种冷淡的、令人不适的氛围。而慷慨地、客观地赞美对方则展现了你最美好、最自信的一面，并且会让对方的自我感觉好极了！再重复一遍，你要让对方知道你觉得她很了不起，而不是告诉她她是你的全世界，没有她你就活不下去。

在感情中，最快地失去自己的优势、失去对方的心的方式，就是采取与上述策略全然相反的行动。也就是说，让自己随传随到，不去尝试洞察全局，消除对方的一切顾虑，从不赞美对方。如果你选择这样做，那我可以肯定你以后也只能去和那些你不太喜欢的人约会了。他会缠着你不放，因为你在他面前的表现简直太正确、太让对方满意了。

策略回顾

- 人们一心想要得到自己得不到的东西，对需要付出努力才能争取来的事物更加渴望。如果你招之即来，那你也许就会被挥之即去。
- 如果你的人生失去了平衡，那么也许你就会用一种扭曲的视角看待感情。平衡的人生能给你带来清醒的思维，让你洞察全局，而清醒的思维才能让恋爱中的你做出更好的决定。
- 如果对方消除了一切顾虑，他就会把你视作理所当然。引入不确定因素能立刻让对方重燃激情。
- 在一定程度上，一个人是否喜欢你的基础是，你让她对自己产生了一种怎样的感觉。记住，让她产生良好的自我感觉，这样，她也会对你产生不错的感觉。
- 通读下一节中的那些策略，完善你的整体战略。

05

让所有人都把你视若珍宝

在人生的各个领域中推销自我的首要法则

如果你自己不去判定自己的价值，那么别人就会替你判定，这是人生中最伟大的真理之一。怎样才能让自己不吃亏、获得最大的优势、得到最大的利益？具体方法如下：将你的目标设定为月亮，然后满足于得到群星。在前一节中，我们说的是如何在恋爱关系中给自己增加筹码。然而事实上，无论在哪种人际关系中，你都能运用这条法则的无穷力量，给自己带来终极的优势。

我们人生中的一切似乎都带有主观色彩。换句话说，并不存在什么绝对的真理，在大多数新情况下，人们的观点往往会转变成事实，形成新的信念结构。而所有其他的信息在此后都会经过这一新形成的信念结构的过滤。如果你想赋予自己或别的任何事物某种价值，你首先要塑造一个合适的形象。在谈判的最开始，不妨先定一个很高的价格，即便这个价格可能高得并不合理。这一点很重要，因为你首先得为这场谈判定下一个基调。（注意也不要把价码开得太荒唐，因为你肯定希望别人能认真对待你的报价。）无论何时，当你面对的是价值未知的人或物时，谁先给出自己的判定，谁就确立了其大致价值。说得再明确一点，当我们谈论某一个人的价值时，我们指的是这个人在别人眼中的价值，而不是这一个体作为一个人的价值。因此，“价值”是一个未知量，对这一未知量的感知会随着我们对下面即将介绍的两个特殊的心理学法则的应用而发生改变。

当你要判定价值的是某种无形资产，你完全可以按照你的想法来判定。只要它没有一个客观的确定价值，那么无论你怎么判定都不会显得离谱。比如说，你是一个业余摄影师，摄影只是你的一个爱好。如果有人想聘用你负责一个项目的拍摄工作，你打算收取多少费用？有些摄影师的报价高达 10 000 美元一天，你认为自己达到他们的水平了吗？很可能没有。但如果你只收 100 美元一天，别人显然不会把你看成最优秀的那类摄影师。那么，如果你开价收费一天 3 000 美元，你会遭到嘲笑吗？不太可能。即便你认为他们付不起那么多钱，你也完全可以从一个很高的起点价位（这个价位是你定的）开始，和他们讨价还价。你可以在最后把收费价位定在一个比起始价位低很多的价位上，比如 500 美元一天，这样对方也会很高兴。因为他们会认为他们请来的并不是仅 500 美元一天的摄影师，而是会认为他们以区区 500 美元一天的低价，请到了一位日薪高达 3 000 美元的摄影师！

现在，让我们看看这条法则会如何影响我们的日常生活。比如，你现在正在逛街购物。你看到了一件夹克，你觉得它的价位应该在 69 元左右。然后你会想，“这件夹克还不错”。但随后你发现，它的价格是 690 美元。突然，你对这件夹克的看法就发生了戏剧性的转变，此前你只不过觉得这件夹克质量还行，而现在你突然发现这件衣服的做工十分精致，你开始注意到它的每个小细节，你一下子就能“看出”为何这件夹克这么贵了。你很可能不会立刻花 690 美元买下这件夹克，但如果下周这件夹克大减价，只要 129 美元，那你一定会抢着把它买下来。为什么？因为你已经认可了它之前的价格。

除了价格，还有另外一个因素也会影响事物价值的确立，即该事物是否容易获得。很简单，物以稀为贵，越稀有罕见的东西，人们给它定的价位就越高。黄金、石油和钻石比水和空气值钱多了，因为前者远不如后者那样充足。即便空气和水是我们人类生存所不可或缺的，我们仍然认为黄金和宝石的价值更高。（当然，如果哪一天水成了稀缺资源，或者你两天没能喝上水，那你就会觉得它比黄金珠宝更有价值了。）

那么在两性关系中，你应该如何确立自己的“价值”呢？你可以通过别让自己太唾手可得来适当抬高自己的价值。以性为例，如果你在一开始就随随便便，那么无论是性本身，还是你这个人，都会被对方视为没什么价值的东西。对男性和女性而言，这个道理同样适用。而在工作场合，一个可能的判定指标是你的时间。如果你整天坐在饮水机旁发呆，你觉得你的老板和同事会怎样看你？他们是会觉得你价值无穷呢，还是会觉得你这样的人比比皆是、毫无价值呢？

策略回顾

- 价格与可得性，是决定任何事物或任何人的价值的最重要的心理学因素。对这两大因素的操控能戏剧化地提高或降低某人或某事物在我们心目中的价格或价值。

06

如何在任何情境下
都显得淡定、自信并掌控局势

在前几节中我们提到，“充满自信”与“讨人喜欢”往往是紧密相连的。那些自控力良好、充满自信的人总是能吸引我们，收获我们的仰慕或喜爱。（没有什么比自我评价不高更让人缺乏魅力。）尽管本节的内容不会立马赋予你充足的自信心，但这些策略至少可以让你看上去或真实地感觉到自己更淡定、更自信。如此一来，无论在什么样的情境中，无论你在与谁交谈，你都能迅速进入最佳状态。

首先要考虑的影响因素是引发焦虑的生理原因。当我们因为要在大庭广众之下发言，或因为要和谁见面而感到紧张不安时，我们大多数人经常做的一件事是不吃东西或乱吃东西。而无论何时，只要我们摄入了糖分或精制碳水化合物含量过高的食物，我们的身体就会分泌肾上腺素以调节血糖水平。（这是因为此类食物会降低我们的血糖水平，而分泌肾上腺素有助于补偿这种血糖波动。）作为激发战斗或逃

跑反应的主要因素，肾上腺素会让你变得紧张、焦虑。那些偏好高糖分、高精制碳水化合物饮食的人常常更容易显得紧张不安、情绪激动，这就是不良饮食引发的心理失调。

要点提示

近期的一些研究表明，那些患有强迫症、惊恐症和焦虑症的人，如果选择低碳水化合物的饮食方案，其症状就会有所缓解。控制血糖水平，使其保持稳定，可以大大减轻由焦虑引起的种种症状。

你是否曾经注意到，在饱餐一顿后，你会感到相当的轻松和平静？这是因为你的血糖水平保持了稳定，你的身体也就没有分泌大量肾上腺素以补偿血糖波动的需要了。但其实最理想的状态是每餐少吃一些，用粗粮代替细粮。这种饮食法能让你的血糖水平保持稳定，并让你的大脑保持镇定。你也不会感到昏昏沉沉，以至于无法进行清晰的思考。（数不清的营养学方面的著作更详尽地阐述了这个相关的研究。由于本书篇幅有限，对于该问题只能点到为止。任何设有图书专柜的健康食品店都能给你提供大量关于此类饮食法的信息，既全面又详细。）

另外还有一点也很有意思：你做的那些让自己看上去显得平静放松的事情，能让你真正平静、放松下来。所以，通过采取某些特定的行为，而避免其他一些行为，你就能保持镇定，维持内在平衡。

事实上，你甚至可以通过改变你的一些生理状态来改变你大脑内部的化学反应。比如，研究表明，当我们微笑时，我们的确会让自己进入一种更加积极乐观的状态。长久以来，人们一直认为人会在感到高兴时微笑——这当然是正确的。但现在也有不少有力的证据显示，微笑这一行为本身也能反过来改变你的情绪状态，让你更加开心。相反，如果你皱了一分钟眉头，你就很可能会感觉更加糟糕。我们的情绪会反映出我们的身体状态，同样，我们的身体状态也会导致情绪的变化。会影响我们的情绪和情绪状态的两个最重要的主导因素是：

- 微笑。这是一个表达舒适感的国际通用表情。再重复一遍，多项研究表明，微笑这一行为本身就能让你平静下来，并让你更加放松。
- 呼吸。当你紧张时，你往往会屏息凝神。试着深深地、平稳地呼吸，这样做能让你立刻平静下来，并能让你更轻松地思考，更迅速地做出反应；同时让你说话时发音更清晰，显得更有自信。

要点提示

想分辨一个人是否在为了什么事情紧张不安？试着寻找这两个迹象：如果对方没有露出笑容，也没有深深地、平稳地呼吸，那么他可能并没有像他想向你展现的那样镇定自若！（你可以很轻松地看出对方是否呼吸平稳，因为当他紧张时，他会不时地深吸一口气，以快速摄入氧气。）

关于这一领域的一些研究还给我们带来了另一个重大启示，那就是我们的情感不仅存在于我们的大脑中，还在实际意义上存在于我们的每一个细胞、每一个器官和每一块肌肉中。如果你想保持长时间的内在平衡和情绪平和，不妨试着练练瑜伽，或者进行某种伸展运动。我们的肌肉也承载着我们的情绪。你难道从没想过为什么在你每次伸展身体后感觉都那么棒吗？这是因为，随着生理压力的释放，精神上的压力也得到了缓解。

人体的中枢神经系统是由大脑和脊髓构成的。如果你没有同时让你的脊髓得到放松，就不可能让你的大脑得到彻底放松。瑜伽能帮助你放松脊髓。注意到了吗，有一些人在举手投足间总是显得神经兮兮、过分敏感，他们的身体也往往是紧绷僵硬的。舒缓身体的紧张，是缓解各种情绪压力的起点。除了微笑和深呼吸之外，不妨试着练练瑜伽，让自己在短短几分钟的时间里排解短期或长期积累的负面情绪，得到真正的放松。

策略回顾

- 不要忽略血糖水平对人的心理状态产生的重大影响。通过减少糖分和精制碳水化合物的摄入，降低战斗或逃跑反应被激发的频率。
- 微笑！研究证明，微笑这一行为本身就能让你感到更加放松、平静。
- 深呼吸。当我们紧张时，我们往往会屏住呼吸。此时立刻进行深呼吸能帮助你缓解中枢神经系统的压力，并能让你的精神状态平静下来。
- 要想排解长期的心理压力，不妨试着练习瑜伽。中枢神经系统由大脑和脊髓构成。如果你的身体没有轻松自如之感，你的精神就不可能完全放松下来。

第 2 章

再也不要受人愚弄、耍弄、利用、欺骗或被人占便宜

整天一副傻头傻脑的样子，总是被别人占便宜……你是否已经厌倦了这样的自己？让我们面对现实吧。世界上总有这样一些人，他们为了达到目的愿意说任何话、做任何事。无论你面对的是汽车销售员、你的约会对象，还是你的同事、你的老板，洞察他们行为背后的机制是在为你自己争取最大利益，为你自己谋福利，这点非常重要。在学习了本章所介绍的这些心理策略后，你就能在短短几分钟内察觉别人的真正用意。如果你不想再在和别人打交道时处于下风，试着运用这些策略……让自己再也没有无力感！

07

六星测试：他是你的真朋友吗？

她真的在乎你吗？他忠诚吗？他是不是只是在假装喜欢你？从我们真正的朋友中筛排出那些假装是我们的朋友的人，有时候并不容易。但其实你不需要在那些没有指望的友情、自私自利的“朋友”身上浪费时间。在掌握了本节这些心理学策略之后，你就再也无须担心他关心的是你的利益，还是一心只想着自己的最大利益！你将心知肚明，一次也不会看走眼。友谊是所有人际关系的基础——也许现在提醒你这一点正合适。如果和你交往的人没有通过我们即将介绍的这个测试，那么你们两人的交情恐怕就算不上稳固了。

六星测试：他是你的真朋友吗？

（1）兴趣

对方对你的生活有多感兴趣，这是定义“朋友”的一大重要指标。

当你的人生有什么大事发生时，试着跟她提一下这件事，看看她是否会打电话给你，询问最新进展，尝试了解你的情况。如果她没有打电话给你，那么你不妨主动打给她，看看她是否会在谈话中提起此事。最后，如果她也没有在谈话中主动提起这件事，那么试着暗示她一下，看看她是否还记得你们先前说到这件事时说了些什么。

（2）忠诚

告诉她一个关于你们二人的共同好友的秘密，看看这个秘密是否会传到当事人的耳中。真正的朋友明白信任在人际关系中的重要价值。但要注意一点，在行动之前你必须得到当事人的允许，让对方同意你把她的秘密告诉其他人。

（3）为你自豪

谁都可能对你说“振作起来吧”，因为这样说会让他们自己感觉很棒。但不妨看看，谁会在你找到一份好工作时拍拍你的背，真心为你高兴。只有那些没有被嫉妒冲昏头脑的人才会这样做。真正的朋友会为你取得的成就感到骄傲，而不会嫉妒你的成功。不妨考察看看，谁会在你得到好消息的时候出现，而谁只会在你得到坏消息时出现。现实是，在你得到坏消息，感觉诸事不顺时，很多人都愿意为你打气。但在你一切进展顺利时，找到一个愿意真心祝福你的人反而没那么容易。

（4）诚实

真正的朋友会跟你说那些你不爱听的话。如果能真的帮到你，她愿意冒着惹你生气的危险和你交流。你的朋友会为了你好而说一些逆耳的忠言吗，即使她明知说这些话会让你对她不满？

（5）尊重

你可以试着告诉你的朋友，有什么让你兴奋不已的好事即将发生，但你现在还不想说究竟是什么事，然后看看她是否会强迫你说。好奇心和关心是有区别的。如果她“一定要知道”，那么也许她感兴趣的只是你的八卦，而不是你这个人。真正的好朋友会尊重你的意愿，并且在当下给你留下空间。她也许仍然会时不时地提起这件事，因为她对你感兴趣，但她不会在你明确告知目前不想说的时候不停地逼问你。在进行这个测试时，你应该选择一件积极正面的“神秘事件”，而不是消极负面的“神秘事件”，原因是：假如你真正的好朋友察觉到你有什么异常或者注意到你的状态不太好，她会坚持让你立即说出来，因为她关心你。但你肯定并不想用这样的方式“试探”对方，因为你不会想让你的朋友为你担心的。

（6）牺牲

她愿意为了让你高兴而放弃某些事物吗？她愿意为了你的幸福牺牲自己的快乐吗？你的行为取决于谁？“妥协”这个词在她的词典中存在吗？在紧要关头，当你和其他人的利益发生冲突时，大多数人都会争先恐后地保护自己的利益。注意观察，此时她是会想方设法帮助你们两人“全身而退”，还是只想着救自己的命、保护自己的利益？

策略回顾

如果她通过了以上 6 项测试中的 4 项以上，那么你很可能拥有一个能指望得上的真正的朋友。如果她只通过了 3 项测试或者更少，那么你也许就该重新审视一下你们的友谊，或者试着跟她谈谈了。当然，如果对方目前非常忙碌，那么千头万绪的事务免不了让她暂时疏忽了对朋友的关心。因此，在运用这 6 大要素测试友情时切莫着急，不妨花上一段时间慢慢进行考察，而不是在短短的 24 小时中匆匆做出判断。

08

他的话能自圆其说吗？

用一个问题发现对方是否在撒谎

你是否曾经想为谁连上测谎仪，测一测他究竟有没有对你说真话？现在你可以做到了。在掌握了本节介绍的心理学策略后，你能立刻发现某个人是不是在编故事，或者他的托词是不是只是一堆谎言。我们即将用到的策略叫作“谜题”。只需抛出一个“事实证据”，看看你的“怀疑对象”有何反应，这一策略就能起作用。你会发现，只需要问对方一个问题，你就能分辨出对方是否在撒谎。在任何情境下，只要你想检验一下对方为某事给出的托词，你都可以运用这一策略。

比如，一个女人怀疑她的老公并没有像他声称的那样去和朋友们一起看电影，而是和他的秘书深夜约会去了。我们知道，如果直接问他是否真的和朋友看了电影，他一定会马上回答“是”。这是因为，如果他真去看电影了，他当然会回答“是”；而如果他没去看电影，他也会回答“是”，只不过他说的是谎言。但这样一来，这位女性就没办法知道自己是否可以相信他了。而如果运用我们刚刚介绍的心理策略，她就能先编造一个“事实”，抛给对方，然后观察她的丈夫有何反应。

比如，她可以这么说：“哦，我听说那儿堵车了，因为电影院附近出车祸了。”现在，她只需要坐下来，听听他如何回答就行了。

此时，她的丈夫就面临着这样一个难解的“谜题”：如果他没有去看电影，他就不知道是否该承认那里发生了车祸，因为事实上可能并没有发生什么车祸。此外，如果他回答并没有堵车，但实际上的确发生了堵车的状况，那么他的妻子就会知道他并没有去看电影。但无论他如何回答，他一定会给出和所有说谎者在面临“谜题”时一样的表现：迟疑不决——思考究竟该如何回答才好。

要知道，如果他真的去了电影院，他会马上回答道：“没有堵车啊，你在说什么呢?”但说了谎的家伙并不知道是否发生了堵车，因为他不在现场，所以他会犹豫不决，而正是这种态度暴露了他自己。除此之外，他也有可能附和你说的话，从而给出错误的回答，因为他并不知道所谓的交通事故其实纯粹是你编造出来的事件。

要点提示

细节说明了一切。一个人在描述时说得越详细，你就越能相信他的话。编造出来的谎言往往有很大的漏洞，并且往往是模糊而抽象的。因此，不妨看看他的故事有多具体。

策略回顾

- 在使用“谜题”策略时，你只需抛出一个“事实证据”，看对方如何应对就行了。你只需要注意两点：第一，如果对方说的是真的，那他一定会对你所抛出的“事实”给出明确的判断。第二，确保你的“事实依据”只是貌似合理而并非事实。在抛出这个证据之后，你只需静坐等待，观察他是否能快速给出正确的回答即可。如果对方迟疑不决、转换话题且（或）给出错误的回答，那么你听到的应该就不是真话。

09

甄别对方是否想操控你

七大需要小心提防的诡计

无论是在卧室中，还是在会议室中，你都应该学会如何把握信息、看清局势，并轻松地评估这些信息，而不受那些自私自利、别有用心的家伙摆布。那些喜欢操控别人的家伙在他们的“锦囊”中存放着七种可怕的诡计，他们能借助这些诡计牵着你的鼻子走。还好，如果你也对这些诡计了然于心，你就能提防它们了，而且再也不会被别人操控、玩弄于股掌之间了。

这七大“法力无边”的操纵手段分别是：引发你的内疚感、对你进行恐吓、利用你的自负、给你制造恐惧、激起你的好奇心、利用你渴望被人喜欢的心理，以及以爱为名胁迫你。谁要是采用了这些手段中的任何一种，谁就是在引导你远离逻辑、诉诸情绪——这就像将你引到了一片并不平整的球场上进行比赛。他知道，如果硬碰硬，他赢不了你。所以，他会想方设法操纵你的情感，运用以下一种或多种策略来打败你。

- 引发你的内疚感："你怎么可以这么说？你竟然不相信我，我真的很伤心。你变得让我好像不认识你了。"
- 对你进行恐吓："怎么了，你不能自己做出决定吗？你是因为对自己没信心所以做不到吗？"
- 利用你的自负："我看得出来你是个聪明人，我可不敢在你面前耍花样！我怎么敢？只要一秒就会被你发现破绽的。"
- 给你制造恐惧："你知道吗，你可能会失去一切。我当然希望你知道自己在做什么。我可以告诉你，你不会找到比这更划算的交易了。这是你搞定这件事的最后机会了。你为什么要冒失败的风险呢？大家高高兴兴的不好吗？"
- 激起你的好奇心："你瞧，人只能活一次。试试吧。反正不管怎样，你总归还是能让一切回到从前。说不定会很有趣、很刺激呢？这是一次真正的冒险。除非你亲自尝试过，否则你永远不会知道你会怎么样。如果你从没见识过这些，你很可能会后悔。"
- 利用你渴望被人喜欢的心理："我以为你是一个真正的高手，大家也都是这样想的。如果你不为我们去做这件事，你一定会让大家失望透顶。加把劲儿，没人喜欢中途退出的家伙。这是你证明自己的大好机会。"
- 以爱为名胁迫你："如果你爱我，你就不会刨根问底了。我当然只关心你的利益。我不会对你撒谎的。其实你内心里也明白这一点，不是吗？如果你放松一点儿，试着想象未来带给我们的一切美好和神奇，我们就能相处得非常愉快。"

策略回顾

- 客观地观察，客观地聆听——不仅要听到别人说的话、用的词，还要学会把握字面意思之外的所有信息。这些恶心的伎俩会干扰你消化、分析事实的能力。当这些情绪潜入你的思维中时，试着暂时搁置你内心的各种情感，客观地观察带来这些信息的人，客观地分析信息的内容。如果你听到了这样一些操纵性的话语，那么先赶紧停下来，重新分析一下局面。切莫仓促行事、感情用事。不妨先等一等，不带感情色彩地收集相关事实，这样你就不会被别有用心的人利用，成为他们手中的提线木偶了。

10

看出对方是否在虚张声势

你怎样才能知道那个坐在牌桌对面的家伙，手里握着的是一手好牌，还是一手烂牌？或者，如果你手下的高级主管扬言不给他加薪就辞职，那么他是不是真的会说到做到？有一个办法可以随时随地用来准确判断对方是不是在虚张声势，因为无论在何种情况下，虚张声势者的表现总是有一个共同点。

为了了解这一策略是如何发挥作用的，我们不妨先来界定一下什么是“虚张声势”。当一个人内心反对某事，却假装赞成这件事，或者内心赞成某事，却假装反对这件事的时候，此人就是在虚张声势。因此，当一个人在虚张声势的时候，如果他在乎什么，他就会假装自己并不在乎，而对于他一点儿都不在乎的东西，他会装作自己很在乎。

无论在何种情况下，他都会想方设法给别人留下错误的印象，目的是掩饰自己真正的想法。而识破他们的关键点在于：那些虚张声势的人往往会矫枉过正、欲盖弥彰。如果你仔细观察，你就会发现对方的伪装实在太明显了。

只需注意对方试图想给他人留下什么印象，你就能立刻发现对方是否在虚张声势。比如，你看到牌桌对面的那个人突然狠狠下注，开始豪赌，那么，这是因为他的牌真的很好，还是他只是在和你斗智斗勇耍花样呢？如果对方是在虚张声势，那么他想表现的就是他一点儿都不胆怯，在这种情况下他会很快下注。但如果他的确有一手好牌，他会怎么做呢？没错，他会沉吟片刻、慢慢下注，让自己显得对自己的手气并不太有信心。当别人在虚张声势时，无论是在牌桌上，还是在真实生活中，他们往往会假装自己很有信心或者很没有信心。也就是说，他们试图塑造出一个虚假的形象，而这其实和他们真正的感受全然相反。

再重复一遍，在对方虚张声势、假装信心满满时，他会很快就下注。而当他有一手好牌时，他会等待片刻，假装自己在思考该怎么办。在各种情境中，这个道理都是适用的。如果对方反应太快，显得过于稳操胜券，那么他更可能只是在刻意假装自己充满信心，而实际上他其实心虚得很。

我们不妨再举一个例子。比如，一家律师事务所的合伙人扬言，如果某个案子不委派给他，他就要辞职。那么，他是在空洞无物地进行威胁呢，还是会来真的？如果他是真心这么决定的，那么他也许不会特意表现得他很自信。然而，如果他在虚张声势，你很快就能察觉他表现得过于自信了。当然我们的假设是，如果他目前在律师事务所工作，那么他也许更希望继续留在那里上班。而如果他没有得到他想要的东西，他就只能“被迫”离开了。因此，根据逻辑推断，他的意图应该更倾向于留在公司并接到这个案子，而不是真的因为得不到这个案子就打包走人。因此，如果他过于坚持得不到案子就要离开，那么他就是在虚张声势——因为我们知道，他并不是真的想离开，而是试图给别人留下想要离开的印象。

如果他的立场很坚定——达不到目的就要离开公司，那么他更可能表现得勉勉强强，而不是对自己的立场过于坚定。因为事情发展到这个地步也不是他愿意见到的。他会更加慎重，因为他知道，一旦走到了那一步,他就非走不可,没有退路了。但如果他只是在虚张声势，那就什么后果都不会有，因为他根本就没打算走人！这两种态度是截然不同的，因此，究竟是虚张声势，还是真的下定决心，二者的差别显而易见。

为了更好地理解这一现象背后的心理因素，我们不妨先了解一下，在一般情况下，人们是怎样表现自己的。一个高度自尊、自信的人，不会到处向人展示他有多么了不起；而恰恰是那些缺乏安全感的人，会装出一副信心满满、几近傲慢的模样，以补偿他对自己的真实感受。事实上，后者试图展现的是一个“虚假的自我”，正如我们在刚刚的例子里展示的，他们在具体情境中也会给出一模一样的表现。

在谈判中不停地说“我要走了”“你要对我公平一些”“这样的条件我不会答应”“你这样会失去我这个客户”，以及诸如此类的话的那个人，其实哪儿都不会去——他是在虚张声势。一个自信的人，他的自信不需要用语言来表达。只有缺乏安全感的人才不得不一遍遍地告诉你他是多么充满信心，因为只有这样，我们才会“看到”他的信心。但是，如果你在谈判中听到下面的这些话，那就很可能说明对方是诚恳的，并没有在虚张声势，比如："很遗憾你会这样认为""请不要难过""我不这样认为，但容我再想一想"，诸如此类。要知道，有信心的人，也就是那些不惯于虚张声势的人，并不在乎自己的表现会给他人留下什么印象，他们对自己的形象毫不在意。而惯于虚张声势的人把所有的精力都耗在了给别人留下好印象上，他们太在乎别人的看法了。

策略回顾

- 只需留意对方试图给出什么样的表现，你就能立刻发现对方是否在虚张声势。一个虚张声势的人往往会"过度补偿"，以此让别人对他产生他的确如此的错觉。

11

看穿一个人

在 2 分钟内让对方暴露他们的目的

如果你厌倦了总被别人欺骗、被别人占便宜的自己，那么本节所介绍的这一心理策略能很好地帮助你看穿对方的心思，发现他是否对你隐瞒了什么。

我在《别再被谎言蒙蔽》一书中首次介绍了这一策略。如果你真正掌握了这一策略，我敢打包票，你一定能在区区几分钟内发现对方是否向你隐瞒了什么。这一策略也被称为"类似情境"，其原理和罗夏测验（通常也被称为墨迹测验）是一样的。罗夏测验使用两侧对称的抽象墨迹作为测试材料。该测试的理论原理是：人对不同抽象形状的理解，会暴露他潜意识中的各种态度和想法。我们使用的"类似情境"策略也基于这一理论，但我们在实际测试中采用的是一种全新的方式——语言。

你需要做的是：问对方一个问题，在措辞时并不明确指责对方做了什么，但同时要暗示他可能做了的那件事。然后，只要观察一下他的反应，你就能知道他是不是有事瞒着你。

比如，如果一个女人怀疑她的丈夫和秘书有婚外情，那么她就可以在吃过晚饭后，漫不经心地对她丈夫说："你知道吗，亲爱的，我觉得我的老板吉姆和他的秘书在搞婚外恋。"现在，她只需要观察丈夫的反应就行了。如果他追问一些问题，并对这番谈话很感兴趣，那么她就可以合理地断定他并没有做过类似的事情。但如果这个话题让他局促不安，想要立马转换话题，那么他就很可能做过类似的行为。此时，妻子就会注意到她丈夫的举止和态度立刻发生了转变。

要点提示

通常在遇到上述案例中的情况时，如果我们直接和对方正面交锋，那肯定会让对方立刻进入自我防卫的状态。而如果的确是我们搞错了，那么这件事反而会让我们显得太过神经质，或者太善妒了，夫妻关系就有可能受到影响。但是，如果我们能合理运用这一策略，我们就能通过引出一个特定的话题来观察谈论这个话题是否让对方感到不自在，对方是否关注这个话题，而无须在没有根据的情况下对配偶做出指责。

再举一个例子。比如，你认为你手下的一个销售员有可能在偷公司的办公用品。如果你直接问她："你有没有偷公司的东西？"那么她一定会立即进入戒备和自卫的状态，这样你就几乎不可能发现事实真相了。如果她没有偷，她一定会说她没有偷东西，而如果的确是她偷的，那么她十有八九会撒谎说她没有偷。因此，你不妨这样对她说："吉尔，我在想，你能不能帮我个忙？我发现销售部有员工将办公用品拿回家自己用。你觉得我们怎样才能制止这种行为呢？你有什么办法吗？"

如果她是无辜的，她很可能会提出一些建议，并为你求教于她而感到高兴。但如果的确是她偷的，你就会注意到她变得很不自在，而且她很可能会向你保证她绝对不会做这样的事情。实际上，她没有理由自己"对号入座"，跳进你设置的陷阱，除非她真的心里有鬼。

现在你能看到这一策略多有效了吗？我们再来举一个例子。比如，一家医院的行政人员怀疑一名医生在当值时喝酒。她也许可以这样和这位医生对话："马库斯医生，有一件事我想咨询一下您的建议。我有一个同行，她在另外一家医院工作。她现在遇到了一点儿麻烦，她发现有位医生在上班时喝酒。你觉得她该如何和这位医生谈这件事呢？你能给我一些建议吗？"

同样，如果这位马库斯医生也有上班喝酒的行为，他会马上表现得很不自然。而如果他并没有在上班时喝酒，那么他会为你征求他的意见感到高兴，并且会乐滋滋地为你提供一些建议。所以无论何时，如果你怀疑别人背着你干了什么事，采用"类似情境法"一定能让你还原真相！

策略回顾

- 对对方进行即时的心理测试。问对方一个问题，不要明确指责他做了什么，但要暗示到那件事情。随后，只需观测他的反应，你就能马上发现他是否对你隐瞒了什么。

12

让别人说出真实想法

你是否曾经盼望你能走进别人的内心世界，看看对方对你这个人、你提出的点子、你的项目或你的约会对象都有一些什么样的看法？现在，本节即将介绍的这一终极“读心术”能让你梦想成真，它实际上整合了好几条心理学原理。无论在何种情境下，当你认为别人没有对你说实话时，这一能让你稳操胜券的心理学策略都能让你洞悉对方的真实感受。

想要了解别人的真实想法有时候并不容易。因为你不能平白无故地谴责对方是骗子，认定对方所说的话并不是他的真实想法。要让这一策略奏效，你只需想办法让对方承认自己喜欢某个点子、某个人……就行了。（如果他真的不喜欢，那你也就不用担心他是否说了真话，因为你已经听到真话了。）

一旦她承认了自己喜欢什么，就别再和她争论了，也别再继续缠着她追问。大多数人往往会在这一点上搞砸。他们会继续追问：“你确定你喜欢它？真的吗？”而对方并不会因此开始反思，说出“嗯，但现在我认为……”这样的话。她才不会改变说辞，她只会更加坚持自己之前的说法，而你也许永远无法知道她的真实想法了。

在运用这一策略时你会发现，在你给出回应时的措辞中，你已经在暗示对方你同意她的看法，但某个点子还有提升的空间。这样一来，对方就能自在地提出批评意见了，因为她会认为你希望她这样做。这一读心术用到的两大心理策略分别是：一致性（人类需要让他们的想法保持连贯一致）和期望（人们常常会去做别人期待他们做的事）。在本书的其他章节中，我们会进一步探讨这两个概念。

例 1

你不太确定你的同事是否喜欢你关于这次新营销活动的设想，虽然她说过她喜欢这个构想。

问：你喜欢我的新营销活动的构想吗？

答：当然了，这个构想很有创意。

问：那么，怎样才能让你爱上这个构想呢？

例 2

你想知道你的儿子是否期盼参加今年的夏令营。

问：下个月要参加夏令营了，你为此感到兴奋吗？

答：当然，一定会很有意思的。

问：你觉得什么样的夏令营会让你真正感到兴奋？

例 3

问：你喜欢我船上的新甲板吗？

答：当然，它看上去挺不错的。

问：你觉得我怎么才能让它看起来更棒呢？

正如你所见，用这种方式进行回应，所有人都会诚实地回答你的问题，并且不会觉得不自在。因为你向他们提出的问题说明，你显然知道一切并不完美。只要别总想着逼问别人“喜不喜欢”，他们就会顺着自己已经说出的话，进一步自然而然地阐明自己的观点，而他们真正的想法也就呼之欲出了。

要点提示

假如你想知道对方的想法，但她不愿意说别人的坏话，也不愿意指摘别人的工作，那么请注意，不要这样询问对方：“你不喜欢哪一点？”或“她是怎样搞砸的？”你可以这样问：“如果是你的话，你会怎么做？”或“如果让你来做，会有什么不同？”用这种方式提问，其所凸显的就不再是做错事的人，而是对方打算如何做得更好。正如你看到的那样，这两种提问方式在理论上能够换取的信息是相同的，但如果采用后面一种提问方式，对方更容易畅所欲言。

策略回顾

- 先想办法让对方承认他喜欢某个点子、某个人或某件物品。然后只需要问她，如何能在原来的基础上再改进一下即可。

第 3 章

掌控一切局面，让任何人愿意做任何事

你能否拥有成功的人生，关键就在于你能否影响别人的态度、信念和想法。这不是通过操控别人而取得成功，而是通过运用一些特定的心理学策略掌握优势，两者存在很大的区别。本书预设的前提是：大多数人都是善良、正派、诚实的好人。（当然，有的人并没有那么好，不过不用担心，本书将保护你免受这些人的操控和利用。）但正如你从自己的生活中发现的那样，我们的各种恐惧、担心、烦恼、难题一直在阻止着我们为自己和他人做那些对的事。大多数人都想帮助别人，因为这会让他们感觉很棒。所以，与其将你的意志强加于人，不如自然而然地激发别人内心中那些美好、真诚的愿望和意图，让他们帮助你、与你合作。本章即将向你展示的就是这背后神秘的心理学机制。

你能够轻松地借助你的言语和行动引导别人的行为和想法。只需稍稍改变你对别人说的话、做的事，你就能改变他们对你的态度和行为反应。是的，就是那么简单。人并不是生活在真空中的，而是会对他们所处的世界做出回应，产生与之相应的想法，并采取与之相应的行动。通过改变他们所处的世界，你就能改变他们对其做出的回应。

你可以根据具体情形选择最适用的策略。如果你只是希望别人帮你一个忙，请直接看第 17 节“让别人出手帮你”。但如果你试图先改变某人对某事的看法，那么你应该参阅第 16 节“让一个固执的人改变主意”。我们设计的这些策略，既能单独使用，也可以结合其他章节中的不同策略，作为整体策略的一个部分使用。

13

在任何场合中，让别人立即采取行动

你将在本节中看到，只需遵循一个涉及 6 种不同策略的简单公式，你就能随时随地激励他人，让他们立即采取行动。我们将在下文中阐述这一强大的心理学策略，帮助你在任何情境中随时随地得到他人的协助。

缩小选择范围

你需要做的第一件事是：在你将所有选择摆在他们面前之前，首先缩小选择范围。传统的观点认为，如果你给对方的选择多一些，你就一定能投其所好。而既然对方一定能从中找到自己喜欢的选择，他就一定会采取行动。这恰恰与事实相反。事实是，如果你给了他无穷的选择，他很可能会一个都不选。谁都不想做出错误的选择，谁都不想在事后懊悔、自责。因此，如果给对方提供的可选选项少一些，那么对方就会更快做出决定，而且事后也不会太过纠结、反复思量。

一家著名的家居连锁店始终坚持这一经营原则：对每一张客户的订单，都要等上 72 个小时再送去总部进行后续处理。为什么？因为他们发现，60% 以上的顾客在大宗采购后的三天之内，都会回来说自己改主意了，要求更换他们所购家具的颜色、面料或样式。在大量选择面前，大多数人的脑子都转不过来，他们似乎认为自己永远做不出决定。而且即便在他们好不容易做出了决定之后，他们还是会思前想后、反复掂量："我选对了吗?"所以，除非你所销售的商品的竞争力依赖于多样化选择，否则就不要给出 3 种以上的选项，2 种选项是最理想的。完全没有其他选择会让对方感觉到自己的自由受到了限制，这也会让他退缩不前。而只要有选择，哪怕只有一个别的选项，也能让对方感觉自己大权在握，认为一切都在自己的控制之中，而这正是你所希望的。

定下最后期限

定下行动的最后期限，符合三大促使人们采取行动的心理动机。

· 一个项目会被认真对待还是敷衍了事，取决于你给别人多少时间去完成这个任务。正是"最后期限""截止日期"在推动这个世界的运行，因为如果不需要立即采取行动，大多数人都不会立即动手。我们总是在等——等到条件变得更有利一些，等到我们掌握的信息更多一些，或者等到我们心情好一些，我们总是希望到了那些时候再展开行动，这是人类的天性。因此，给出一个明确的最后期限就很重要了。你应该让当事人知道，他必须马上行动，因为再晚他就没机会了。

· 定下最后期限，还触及另一个心理动机：我们不希望自己的自由受到限制。无论何时，只要别人告诉我们不能去做什么事情，或者不能拥有什么，我们都会被反向激发起更强烈的欲求。因此，只要让对方知道未来他可能会失去这个机会，你就能让对方产生更强烈的动机，促使其立即展开行动。另外一家也很知名，但没有那么谨慎的零售公司，会故意在其希望清仓的商品上贴上“已售”标签，原因就在于此。当我们看到什么东西被贴上了“已售”标签时，我们就会受到潜意识的驱使，变得更想得到它。那么，当我们发现另外一件“和它很像”的商品时，我们就会迫不及待地抓住机会，将它买下来。

· 与这一法则相一致的是，无数研究表明，人类对那些数量稀少，而且会越来越少的东西趋之若鹜。我敢肯定，你的生活经验也告诉你这绝非虚言。如果什么东西在当下是最时髦、最热门的，所有人都想要拥有它，那么这个东西就会变得更加诱人，显得弥足珍贵。因此，当采取行动的机会不断减少，我们就更想抓住这个机会。我们重视那些稀有、少见的事物。钻石、黄金和石油与我们的幸福生活关系不大，但它们被赋予了极高的价值——仅仅因为它们极为稀少。不妨想一想：白金比黄金值钱，黄金比白银值钱，白银比黄铜值钱，这一切都仅仅是因为，物以稀为贵。

运用惯性定律

艾萨克·牛顿爵士告诉我们：任何物体，动者恒动，静者恒静。我想我可以再补充一句：人也是这样，动者恒动，静者恒静。如果你能让一个人朝着正确的方向行动，无论是在生理层面还是在心理层面，从最简单、最容易的事开始做起，那么他很可能就会沿着这个方向自觉地继续前进。这是为什么呢？

人类具有让自己的行为保持前后一致的强烈需求。关于这一领域的若干研究清楚地表明：运用这一心理机制去激发一个人的动机行之有效。心理学家告诉我们，如果某个人答应了我们提出的一个小小的请求，他就更有可能答应我们提出的更大的请求——而后者往往才是我们一开始就想让他做的事。而假如我们没有在一开始提出那个小小的请求，而对方也没有帮我们前一个忙的话，他就不具备保持“一致性”这一潜在的动机了。

这就是“登门槛效应”——人们在答应了某个小请求后，往往会答应更大的请求。下面的实验很好地展示了这一效应。研究者弗里德曼和弗雷泽曾经向一些业主提出请求，询问他们是否能在他们的前院中竖立一块“小心驾驶”的巨大路牌，结果只得到 17% 的业主的同意。与此相对，他们向另一组业主先提出了一个小小的请求：能否在他们的窗户上挂一块写着“做一个安全的驾驶员”的 3 英寸大的小牌子，几乎所有人都立刻答应了。几个星期后，他们又去拜访这些业主，询问他们能否在他们门前的草坪中竖起那块巨大的“小心驾驶”路牌。结果，压倒性的多数业主都同意将这个难看的标识放在他们的前院中，比例竟然高达 76%。

当我们沿着某个方向迈了一小步后，我们就会鬼使神差地答应别人更大的请求，来维持前后一致之感。很简单，那些答应了先前那个小请求的业主重塑了他们的自我认知，在自我定义中增加了“重视驾驶安全”这项内容。因此，答应那个更大的请求在他们自己眼中只不过是为了他们已经深信不疑的交通安全事业做一点儿事而已。那些高效的筹资者深谙筹资的第一要义：最容易成为捐赠者的人，就是那些以前曾经捐过钱物的人。

要点提示

音乐会影响我们行动的速度。米利曼的研究表明，杂货店播放的慢节奏音乐能提高销售额，因为购物者沿着购物通道行走的速度会随着音乐的节奏而放慢。相反，快节奏的音乐会让人们不知不觉地加快行动速度。罗伯利等人发现，在人们进食时播放快节奏的音乐，会让他们每分钟咀嚼食物的次数随之增加。因此，可以的话，不妨在激励他人行动时播放一些快节奏的背景音乐，这能渲染采取行动的气氛，激发尽快采取行动的紧迫感。试着以更快的速度说话也能发挥这一法则的效用。你会发现，如果你慢吞吞地问别人一个问题，对方也会同样慢吞吞地回答你，反之亦然。别人的行为会随着你所表现出来的紧迫感水平的不同而发生变化，而较快的语速增强了这种紧迫感。

明确表达期望

根据期望定律，人们会做你期望他们做的事情。你的言行应该直截了当、明确清晰、充满自信。另外，不妨试着搭配一些合适的、相匹配的肢体语言。无论是走向门边的动作还是拿起一支笔拨打电话的动作，人们都会对你所展现出来的自信姿态做出反应，并采取相应的行动。换句话说，除了语言文字，你还可以利用你的行为激发别人做出相应的行为。举个例子，假如你希望别人跟上你的脚步，此处仅指字面上的意思，那么你就一直往前走，不要回头去看“他有没有跟上来”。你的言行必须传达出自信和期望，这样对方才会顺从你。

简化处理信息

人们是如何处理信息的？了解这一点非常关键。一个好消息是，人们处理信息的方式都是一样的。在我的著作《别再被谎言蒙蔽》中，我讨论过人类处理信息的方式以及这种方式是如何启发我们深入洞察人类的行为的。在上文中我们提到，先让他人从简单、容易的事开始做起，这是在发挥“惯性定律”的作用。其实，这个过程还有另一种效用。在做我们自己喜欢做的事时，我们执行的是“单一任务”；在做我们自己不喜欢做的事时，我们执行的是“多重任务”。这是什么意思呢？举个例子，如果你不得不支付信用卡账单，但你一直不想做这件事，那么你会经历怎样一番思考过程呢？你会这么想：我得把这些账单汇总，将它们分门别类地整理成几堆；我得拿出支票簿、邮票和信封，在每个信封上写上姓名、地址，填好支票；我还要结算收支；等等。但如果这是你喜欢做的事，那么当你思考这些步骤时，你就不会想得这么细。比如，假如你喜欢烹饪，那么当你思考行动步骤时，烹饪这个复杂的任务很可能就被简化成了采购、回家、做饭这么几步。

但如果你讨厌烹饪，那么所有一切细枝末节——从在超市排队等待结账，到饭后洗碗，就都被纳入你的考虑之列了。那么，了解这一切有什么实用的价值呢？这样说吧，如果你希望别人立即采取行动，那么你就应该向他表明此事简单易行。如果你想阻止某人的某个行动，那么你只需要把所有步骤都列出来，使其看上去像是一个漫长、枯燥且艰难困苦的过程即可。对于同一件事，不同的思考方式会让你对它产生截然不同的态度。

提供额外刺激

“但是等一下！……还不止这些！”这句话常常出现在广告片的末尾或深夜电视购物节目中，你可能都不知道自己已经听了多少回。无论是在电视销售、电话销售，还是现场销售中，这些“附带的优惠”

都是一种刺激消费行为的高效工具。所以，你也该试着把这项工具用起来。据估计，使用这一技巧能使这些商业节目的回报率提高 35% 之多。额外的利益能促使人们消费，而最奇妙的一点是，这一额外的利益具体是什么似乎根本就无关紧要。因此，当你使用上述策略请别人帮忙时，记得给对方一点点“额外的刺激”——任何小小的甜头都能奏效，都能让尝到甜头的人立刻行动起来。(比如，“我们可以去吃冰激凌”“我给你准备了一辆代步车”“办完事后我们一起去吃饭”等等。)你会惊讶地发现这一心理工具是多么有效。

要点提示

你所使用的语言也能触发惯性定律。“既然”“不如”“顺便”等一些看似无关紧要的词语实际上具有非常强的激励力量，因此也常常被用于催眠治疗中。要知道，当一个人已经处于某种行动状态时（无论是其生理状态还是心理状态），那么让他继续保持这种状态就会更容易一些。比如，如果你希望别人听从你，那么你最好别这样说：“我们出去时，你想不想拜访一下吉姆?”你最好这样说：“既然我们出门了，那不如我们去吉姆家坐坐好吗?”发现了吗，在表达“拜访吉姆”这个观点时，第二句话显得尤其流畅自如!

策略回顾

- 缩小对方的选择范围，避免对方思来想去、反复纠结。给出的选项少一些，就意味着对方能更快地做出决定，并且事后不太可能会反复思量，怀疑自己的决定是否正确。
- 定下行动的最后期限。最后期限限制了我们的自由，增强了我们渴望得到稀有事物的欲望，它大力驱动着我们向前进，立刻采取行动。
- 运用“一致性”法则：先设法让对方答应你一个较小的请求。当我们往某个方向迈出了一小步后，为了保持一致性，对方往往会答应更大的请求。
- 好好发挥你言行的激励作用，让期望法则奏效。
- 充分利用惯性定律，将你希望对方去做的事情简化成简单易行的若干步骤，引导对方沿着你所期望的正确方向开始行动。
- 给对方一点点“额外的刺激”，让对方立即行动起来。额外的利益能大大增加别人顺从你的概率。
- 别忘了，决定别人是否愿意为你做事，甚至是否愿意和你在一起的心理学第一要义是：她必须已经对你产生了好感，而且最好是信任你。所以，不妨再翻翻第 1 节的内容，让本节中的心理策略得到进一步的完善。

14

让别人采纳你的建议

你有一个好主意，但没人听你的。这真的很让人沮丧！但只要运用特定的心理策略，你就能让大家对你言听计从。决定你的个人影响力的三大主要因素是：情感、策略和结果。

无数研究已经清晰地证明，如果你想说服某人，你就必须动之以情。如果你没能唤起对方的情感，那么无论你的论述多么理性、多么有逻辑，你都难以影响对方。

我们的决定有 90% 是根据情感做出的。我们会在做出决定后再运用逻辑证明自己的行为是合理的。如果你试图仅借助严密的逻辑说服某人，那么你成功说服对方的概率几乎为零。你需要将各种事实转换成基于情感的表述，列出明确、清晰的好处，打动对方，引起共鸣。

研究表明，除了唤起对方强烈的情感共鸣之外，如果你还能提出具体的行动方案，列出清晰明确的行动步骤，那么你就能收到事半功倍的效果。在受到充分激励、准备采取行动往前走的时候，能了解行动的方向和步骤是非常关键的。意识到前路一片光明，一切都已布置妥当，会让我们感到舒适、安全。如果你希望别人能听从你的建议，那么不要只提出你想要对方达到的目标，也要为她描绘出达到这一目标的路线图。

此外，研究表明，如果除上述内容之外，你还能说明一下你的建议能怎样帮助对方避免负面的或不愉快的结果，那么你说服对方的成功率将大大增加。一家著名的彩票公司曾经打出这样一句标语："你能做一个赢家。"在很长一段时间中，这句标语的效果一直挺不错的。但后来（我敢肯定是在咨询了一两位心理学家之后），他们将标语改成了"也许你已经是一个赢家了"。只是简单的标语修改就让他们公司的业绩实现了倍增。为什么？因为现在收到广告信件并看到这条标语的人开始担心起来了，他们害怕自己失去了什么"已经"拥有的东西。扔掉一封有可能藏着数不清的财富的信？绝不可能！这种感觉和"得到新东西"的感觉是完全不同的，原来的标语暗示的内容正是后者，而现在，收到广告信的人冒的是失去已经拥有之物的风险，这显然是一种更强有力的刺激。所以，如果你希望别人把你的话听进去，不妨将劝说的重心放在对方能"避免什么损失（比如头疼、金钱、精力等）"上，而不是"对方听了你的话后能得到什么"上。

其他四个需要考虑的心理因素

- 如果某人认为某个行动方案是他自己提出来的，那么他往往会对解决方案更加满意。因此，试着提醒某人某个点子最先是他提出的，或者是他让你走上了正轨，等等。

- 让他知道，某种新的思考问题的方式其实和他一向为人处世的原则是一致的。不妨试着提醒他，他过去做过的不少事情和这个新的观念或行动是相一致的。也许你还记得，在前一章中我们提到，人都有追求“秩序”和“一致性”的内在要求。如果对方把新的计划或行动视为其过去思维的延续，而不是和他一贯的思维相背离，那么对方采纳你的建议的概率就会增加。
- 谁都不想听从一个“万事通”的建议。提出建议的最佳方式之一，就是让对方知道，你很清楚并不是所有的对策和答案都在你的掌握之中，如此一来，对方就会觉得你可信得多、诚恳得多。在提出建议时，此类措辞的效果挺不错的：“有的事情我未必真懂，但有的事情我的确是真的了解。而现在我要说的这件事就是我真正了解的事。”
- 最重要的一点是，热情是有感染力的。你对自己所说的一切显得越兴奋、越有激情，对方也就会对你的建议越感兴趣。

只要运用这些策略，你一定能成功说服他人。但在你开始行动之前，让我们先来看看在提出建议时人们常常会犯的最大错误——过于固执。也许这种“固执”的思维方式应归咎于人类的天性。关于人类行为学方面的研究表明，当我们觉得自己的自由受到了限制时，我们往往想要进一步冲破限制，走得更远。

这种心态也被称为“逆反心理”。当我们觉得谁想要限制我们的自由时，我们就会产生逆反心理。这种逆反心理对我们的行为影响极大。罗得瓦尔特和戴维森的研究发现，人们有可能会出于“逆反心理”

而故意与别人唱反调，反其道而行之。

在一些有可能让别人产生逆反心理的情境下，如果你还在向对方一味灌输自己的那一套，那么你就会遇到强大的阻力。如果别人觉得你是在强迫他接受你的观点，那么无论你说什么，他都不会敞开心胸接纳你的意见了。事实上，这完全合情合理。如果你发现别人压根就没有考虑你的意愿，那你怎么可能听得进去他说的话呢？因此，最好的办法就是：让对方提前知道，无论他最终打算怎样做，他都有最终的决定权。然后，列出各种事实情况，将某项行动的利与弊都摆在他的面前（在另一节中我们将谈到为何必须这样做），并配合使用本节中提到的其他策略。

策略回顾

- 我们的决定有 90% 都是基于情感做出的，在做出决定之后，我们才会使用逻辑的力量来证明我们的行为是合理的。因此，在试图说服别人时，你必须唤起对方的情感共鸣，动之以情。
- 提出具体可行的行动方案，列出清晰明确的行动步骤。
- 如果根据你的建议行动，对方应该如何避免负面的或不愉快的结果呢？在提出建议时补充说明这一点，这比解释采纳你的建议之后对方能得到什么好处更为有效。
- 提示对方，从某个角度来说，这个点子是他先提出来的（如果事实果真如此）。

- 让他知道某个新的思维方式或行动与他一向为人处世的原则是一致的。列出那些他曾做过的与你当前所提出的这项建议具有一致性的行动。
- 不要给人留下你是“万事通”的印象，明确你了解和不了解的方面，这样别人才会觉得你更可信、更诚恳。
- 记住，热情具有很强的感染力。如果你对自己的想法一点儿都不兴奋，那么对方也不会感兴趣。

15

让别人履行对你的承诺

“可你明明答应过我啊!”如果你厌倦了总是说这句话，那么下面的策略会帮助你让所有人一以贯之地履行他对你的承诺。

让某人履行承诺的最有效的心理学武器，是让他知道你“相信”他是一个一诺千金、言出必行的人。你可以使用这样的措辞:“你就是那种……的人”“你总能……，这点给我留下了深刻的印象”或者“我一直喜欢你，因为你……”，这样的言语能有效激发对方心中“内在一致性”法则发挥效用。

这样的措辞会让对方感觉自己不得不履行承诺，因为你唤起了他心中的那个“履行承诺的自我”，这促使他产生了一种将自己的行为与这一“自我”所秉持的原则保持一致的冲动。人类具有这样一种内在的需求：一个人怎样看待自己，以及他认为别人怎样看待他，那么他的行为表现就会趋向于和这些看法保持一致。人们常常会说这样一些话:“来吧，做就是了”“我就知道会出问题”“我早就知道你不想干”“我不知道我怎么会指望上你”，其实说这些话完全是大错特错的，因为这些说法指出的是对方的行为表现与其“自我”所秉持的原则不一致。这样的言语会迫使对方的“自我”找到理由为自己的行为辩护，而不是改变这些行为。

举个例子，假如你希望某人能在接下来的两周中帮你处理一些文件，那么，你一定不要这样对他说：“进展如何了？”“现在差不多该开始了吧？”这些话只会让对方找借口、找理由不帮你做事。相反，你应该这样说：“你知道的，萨莉，你能帮我处理这些文件，我很感激你。我知道你是那种不仅会答应帮忙，而且会履行承诺直到把工作完成的人，我特别欣赏你这一点。”通过这一番话，你就将对方的自我认知与某一具体事件联系在了一起，将你如何看待她，与她如何处理当前的这份额外工作绑定在了一起。你可以放心，她一定会听从你继续完成工作的，因为只有这样做才不会损毁她在你心目中的形象。在听到你的这一番话之后，她很难再开口说“我很忙”或“我不想做”这样的话。因为，如果她拒绝了你，那么她不仅会受到你的质疑，也会受到自己的质疑。很简单，她已经把自己看作一个“负责到底……值得信赖的人”了。如果她半途而废，那么她就得问问自己：“我到底是一个什么样的人？”很少有人愿意这样做，或者能够这样做。

这一策略的另一个版本是唤起普遍的价值认同。两个不同的版本可以结合使用。比如，你可以在说服对方时强调友谊、敬业精神、为人正派这些大多数人渴望拥有的品质。“有的人完全不明白何为友情，真让人吃惊不是吗？”——这样一句问话的威力着实不容小觑。这种说法直接将她的价值体系（对她来说这很重要）与她当前的工作联系在了一起。现在，这件事对对方而言已经不单单是一个工作任务，而变成了一件能够借此判断你们二人情谊如何的大事了。如果她贸然撒手不管，则不仅有可能惹恼你，甚至可能会破坏你们之间的关系。这简单的一句话将友谊及其强大力量与这个工作任务挂上了钩，这项工作任务由此就不再只是一个孤立的任务了。

这些闪烁着心理学光辉的睿智措辞会促使对方抛开杂念，继续完成任务，但如果你希望对方能够坚持到底，那么你在一开始请对方帮忙时就要做好必要的铺垫。我们不妨先看看下面的研究成果，然后再进行讨论。

安吉拉·利普兹等人的实验研究发现，在号召人们参加献血活动的电话打完之前说一句："我们期待到时能看到您，好吗？"然后稍停片刻，等待对方给出简单的肯定回应，会让接到电话的人准时露面、参加献血活动的概率大大提高，从 62% 上升到 81%。换句话说，仅仅是多说了这么一句话，献血者的人数就提高了将近 20%。因此，在最开始请求别人帮忙时，请务必想办法获取对方简短的口头承诺。这种做法能使"内在一致性"原则的影响力大为提升，从而也让他人坚持履行承诺的概率大幅提升。

要点提示

记住，出于自愿的行为更容易让人坚持下去。如果你把某一个任务强加在某个人身上，那么你能否成功说服对方就要看对方在进行“内在辩论”时最终获胜的是哪一方。也就是说，对方的思维过程可能是这样的：“如果我不把活儿干完，他一定会发火。我也会感到内疚，或者受到某种惩罚。”即便他能解决这一内在冲突，这种冲突仍然会影响他完成这一任务的热情。换句话说，他完成这项任务并不是因为他认为自己是一个坚持到底的人，而是因为他不得不完成任务。如果你想让对方将这样的思维（如果你认为这是个麻烦）抛诸脑后，你只需这样说：“我知道，如果你自己不想干的话，你早就脱身而出了。”

这是因为，当我们自愿去做某事时，我们会不断地想“一定是我真的想做这件事”，而这样的想法非常有助于减少认知失调的状况。因为除此之外，唯一一种可能的理性推断就是：“我是一个白痴，我真不该答应这件事。”从心理上说，第一种推断会让大多数人感到更舒服一些。这也就是为什么我们常常会看到别人在做一些极其荒唐的事，或和他们的性格完全不符的事。

但是等等，我们还有更多的策略！在最开始请人帮忙时，假如你遵照下面的五步法，你就能进一步强化对方主动帮忙的意图。

举个例子，你告诉一个朋友你的电脑出了点问题，他闻言后爽快地主动提出下周六会过来帮你看看。就目前而言，他也许只是想表现得友善一些，说说客套话，也许是真的愿意过来帮忙。但你真的需要他的帮助，所以为了确保你能得到帮助，你需要再加把劲儿，将他随口说说的帮忙变成板上钉钉的承诺。你会发现，只需遵照下面这一具体可行的“五步法”，你就能把模模糊糊的好意变成具体明确的承诺了。

五步法

（1）让对方主动提出来

你说出来是一码事，但如果是他说出来的，那么他的承诺就上升到一个新的层次。因此，你最好让他主动给出肯定的答复。你可以这样说：“你说的是真的吗？”或者“此话当真？”那么很可能他会这样回答：“是的，周六我来帮你。”

（2）确定具体时间

你得让他确定具体什么时候过来帮你，以及（或者）他需要多长时间完成这项任务。比如在这个例子中，你可以说：“太棒了，你什么时候过来？”以及（或者）“你大概需要多长时间搞定？”

（3）激发对方的责任感

让他知道，由于他答应前来帮忙，你会因此改变自己原来的一些计划，这一点很重要。让他知道他答应帮忙之事已被纳入你的计划。除此之外还应让他看到，如果他收回了之前的承诺，这个行为就会给你带来麻烦。如果他食言了，不来帮忙了，也不会对你造成什么不良影响，他就会认为反正你现在的情况也并没有变得比他答应帮忙前更糟。在这种情况下，你必须让他知道你已经取消了其他的约会，为他特意修改了日程安排。

（4）唤起对方的良知

你需要向他表达出你现在非常依赖于他的帮助。现在，是时候让他知道他的帮忙对你来说是多么重要了。如果他没有说到做到，这件事会对你产生什么不利影响，把这些事情向他简单地提一提。比如在这个例子中，也许是你需要用电脑完成一份报告，如果没有及时完成报告，你就会惹上麻烦，或者受到诸如此类的不利影响。

（5）“眼见为实”

房地产经纪人深谙这一策略的威力。在带客户看房时，他们会引导客户将这栋房屋想象成他们自己的家。将别人的房屋想象成自己的家，这是一种非常强大的可视化策略。在带客户四处参观房屋时，他们会问客户这样一些问题：“你会把电视机放在哪儿？”“你准备把沙发摆在哪儿？”在修电脑这个例子中，你可以询问你的朋友：“到时你会先做什么？连接显示屏还是浏览说明书？”你应该想办法让他“看到”他自己正在做他准备答应的这件事。

要点提示

一次，有人问魔术大师哈利·胡迪尼是怎样如此轻松地从密闭、上锁的保险箱中逃出来的。这位大师回答道:“制造保险箱的目的，是防止别人从外面打开箱子，而不是阻挡我从箱子里面出来。”如果你想仔细确认某人是否真正做出了承诺，不妨试用一下这个快速鉴定法。

我们每个人都有一道防卫森严、紧紧关闭的心门，但除此之外，我们也都有一扇可以让别人长驱直入的后门。这一“后门策略”，说白了就是一种简单高效的提问技巧。这一技巧很管用，因为无论一个人为了让你相信他的诚意而表现得多么无懈可击，这个突如其来的问题都会打他一个措手不及，因为他并没有准备好如何应对这一策略。

这句关键的问话就是:“你觉得什么状况会导致这件事完不成?”这句话很有效的原因是，对方此前的整个思考过程都集中于为什么他愿意去做这件事，而不是为什么他不愿去做这件事。他一直习惯于回答为什么他在做或即将去做他答应过的事情。但明确回答什么状况会阻止他去完成这件事，就意味着他首先得有做这件事的真实意图。简单地说，这个问题让他站在了对方的立场来考虑这件事。在正常情况下，如果他的确真心实意地想要帮忙的话，回答这个问题不会是什么难事，但如果对方并不是真正想要帮忙，他在回答这个问题时就会出现矛盾。

在你抛出这个问题之后，你能得到的回应，要么是对方快速回答说“没什么状况”，要么就是对方提出了某个可能出现的合理的障碍——某一件他控制不了的具体状况。我们都会有所保留，而这一点并不会妨碍我们实践承诺，相反，这只会让我们显得诚实可信。但如果你问某个人什么状况会阻挠他第二年娶他的女朋友为妻，而结果他笑着回答你：“我不知道……也许会有什么变化……或者会有什么事。”那么杰克就并没有真正做出坚定的承诺。如果你只是问他“你会娶玛丽的，对吗？”那么他一定会给出肯定的答复，并会告诉你他爱她的种种理由。因为这个问题是他总会被问到的问题，因此他能很轻松地、令人信服地给出回答。然而，第一个问题是在他意料之外的，因此他并没有准备好该如何作答。

策略回顾

- 在最开始请人帮忙时，请尽可能提到以下 5 点：（1）让对方主动提出帮忙；（2）确定具体时间；（3）激发对方的责任感；（4）唤起对方的良知；（5）让他告诉你这件事具体会如何进行。
- 在结束对话前，用一个简单的问句，来获得对方的口头承诺，比如“那么我们周六见，好吗？”

- 最后，在他即将履行承诺之前，让他知道你很欣赏他，因为他是一个言出必行的人，以及（或者）你很欣慰，因为他懂得友谊/责任/忠诚……的真正价值（找其中一个最合适的词即可）。

16

让一个固执的人改变主意

很少有什么事比试图“撬开”一颗思想封闭的大脑更令人沮丧了。但如果运用以下这套精妙的心理学策略，你就能让任何人都客观、公正地倾听你说的话。而且，这套策略能进一步帮助你让对方放下心中壁垒，改变自己的想法。

当你和一个保守固执的人打交道时，你要知道对方有这种态度的原因不外乎以下 4 点：

（1）此人习惯于否定一切。无论别人提出什么点子，他都会表示否定。只要是新的观点，只要是令他害怕的、他不喜欢的想法，他都会一口拒绝。他的座右铭是：“改变一定是坏事。”

（2）此人对某些人有意见——在当前这种情况下就是对你有意见。你会发现，无论你多么有说服力，无论你的观点多么合情合理，只要是从你口中说出来的话，他就会断然否定。

（3）此人刚在另一个场合吃了其他人的亏，他仍然陷在觉得自己被别人利用、操控了的状态中，他的伤口还没愈合，尽管这一切与你无关。此时，任何偏离他惯常思维的事物他都很难接受。他对自己做决定的能力丧失了信心，为了避免再次被别人左右，他宁可退回到安全地带。

（4）此人厌恶某种情境，也就是说，这不是你这个人的问题，而是你提出的“整个想法”他不喜欢，“不是他的风格”。你所说的观点与他的自我认知不一致。

如果你曾经和这样的人有过交往，那么你一定知道，和他们争辩一番根本于事无补。你辩得越是有理有据、头头是道，他们就越抗拒。和他们讲逻辑也没有用，无论你说什么或做什么，都纯属白费力气。当然，除非你说对了话、做对了事。

如果你认为，对方之所以拒绝你，是因为（1）（2）（3）三个原因中的一个，那么你只需借助下面这个包含两个阶段的方法，就能让他重新考虑自己的观点和信念，重新判断某个观点、某个人、某个地点或某件事。

第一阶段

多项研究表明，如果在请求对方帮忙之前，你能让某人做出和你的请求一致的论断，那么对方改变态度并认同你的可能性就会更大。你要做的就是让她同意某一观点，或认可某一思维方式，以便于日后扭转她的偏见。

无论对方的态度如何，只需运用这一策略，你就能快速改变她的想法。举个例子，假如你希望你的老板能耐心听完你的新思路，你只需说：“难道您不觉得故步自封的人是不受欢迎的吗？”那么不久之后，当你对老板提起你的新思路时，你就会发现她一反常态，变得开放、合作起来，愿意聆听你的建议了。这是因为，只要你的老板同意了你之前引入的那个观点，她的行为就会在无意识中和那个观点趋向一致。

这一策略之所以有效，是因为人类具有使自己的态度、信念和行为高度一致的强烈需求。如果一个人想的和做的不一样，说一套、做一套，他很容易就会被视为一个糊涂又奇怪的人。就连我们自己也是这样看待自己的。一旦我们公开地表明了某一立场，我们的态度就会和这一立场趋向一致，进而影响我们随后的行为。正如我们在下文即将看到的那样，你可以根据具体情况提出更多具体的问题，以强化这种内在的一致性。

第二阶段

以某种方式或从某种角度限制对方做自己不想做的事情的能力。是的，你没听错。如果某个人很固执，那是因为他知道自己可以做某事，但他偏偏选择了不做。但如果你限制了他做此事的能力，那么这种平衡就被打破了。因为他再也不会认为这个决定是他自己做出来的。而且，如果你无法去做什么事情，那么你就没有理由对此事抱有任何执念了。事实上，这种限制反而会让当事人更想去做这件事！固执己见的壁垒就这样在瞬间被打破了。这就像告诉一个不喜欢旅游的人其实她永远没法离开自己的镇子。这个说法让她感觉到自己的自由突然受到了限制，她的自我意识也因此活跃起来，并在潜意识中产生了“她能够离开这里”的想法。随后，由于认知失调的作用，一旦“能够离开这里”的想法产生了，“想要离开这里”的愿望也就随之出现了。这时她会想：“我为什么希望自己能够离开这里？一定是因为我想离开这里。”于是她的大脑便开始再一次绞尽脑汁地盘算如何才能去做自己“想做”的事。

这样的限制可能会以多种形式呈现。优惠券有截止日期、大甩卖时间有限，你觉得这背后的原理都是什么呢？如果我们永远拥有选择的机会，那么我们采取行动的动机就不会那样强烈了。而一旦你被告知对某一事物的选择是受限制的，那么无论它是不是我们一开始真正想要的，我们都会变得对它更感兴趣。

但关键的一点是：这一限制必须是当事人在做出决断之后能够顺利克服、化解的。

现在我们接着前面第一阶段中所举的例子往下说。比如，你想向老板提的建议是让公司组织所有员工下周五一起去公园野餐，费用由公司承担。你认为你的老板很可能会反对这个点子，因此在第一阶段中，你特意问了老板一些泛泛而论的问题，比如“难道您不觉得故步自封的人是不受欢迎的吗？”或者“如果有人不愿耐心听完您讲述您的观点，您会讨厌这样的人吗？”，并借此做好了铺垫工作。接下来，你可以问一个更有针对性的问题，比如“您觉得公司员工的士气对改善公司的办公环境有多重要？”一旦上面这两个大有深意的问题得到了老板的认同并在这位老板的心中生根发芽，你就能激发起她追求一致性的内在需求。

随后，你只需用第二阶段的诀窍来完善这一策略即可。你可以这样说：“我敢肯定，大多数人都喜欢这样的野餐活动，但我觉得这件事可能存在以下问题：（1）我们没法及时取得园方的许可；（2）我们没法确定什么样的游戏能让大家都玩得尽兴；（3）还有，如果大家都去野餐，那么工作电话该让谁负责接听呢?”这就是你需要做的一切。

现在看看你做到了哪些事：你让一个固执己见的人听完了你的构想，并且认为你的想法很合理，因而开始考虑如何让这一建议付诸实践、成功实施?

如果将这一策略和以下六个有效的小提示结合使用，你就有机会让天下最顽固不化的人改变主意。这些小提示可以插入上述的两个阶段中使用，但没有必要把它们在一次行动中全都用上。

六个有效的小提示

（1）当一个人固执己见时，你唯一能改变的就是他的生理状态。

一个人的情绪状态和他的生理状态是直接挂钩的。如果对方一味否认或拒绝你，那么不妨想办法让他的身体动一动。这种做法能防止思想僵化，并能让他更容易改变自己的心理状态。如果他原本是坐着的，那么试着让他站起来，在房间里走走。如果他原本是站着的，那么想办法让他坐下。当我们的身体长时间固定不动时，我们的思维也会相应地变得僵化。无数研究证明，没有任何一种方法比让一个人活动一下身体更能让他摆脱某种固定的思考模式了。

要点提示

人的生理状态对人的情绪的影响大得让人吃惊。你可以自己尝试一下这个动作：弓着背、缩着腿坐着，低着脑袋，皱着眉头，保持这个姿势几分钟。现在你感觉如何？很可能你会感觉糟透了！好，现在站起来四处走走，挥挥你的双臂，摇晃一下你的身体。注意到了吗，你的整个情绪状态都发生了改变！活动身体能让我们的思维变得更加灵活，更容易接受其他的观点意见和思考方式。你有没有想过，为什么年龄较大的人似乎总是比年轻人更加古板固执？一个可能的原因是，随着年龄的增长，我们的身体也变得越来越不敏锐、不灵活了。

（2）在请别人再考虑考虑之前，提供一些额外的信息。

没人希望自己在别人心目中是一个优柔寡断、拿不定主意的人。也就是说，如果一个人在没有收到任何新信息的情况下就轻易改变了主意，那么他很容易会被别人视为一个前后矛盾的人，他自己也会这么想。因此，在请求对方同意你的建议之前，试着在每次提建议时都提供一些新的相关材料，或提醒对方他有可能忘记的某项信息，你就能取得不一样的效果。这种做法能让对方依据额外的信息做出新的决定，而不是让自己看起来像一个可以轻易改变主意的人。

（3）研究表明，在我们的自我意识被强调的时候，我们更容易受到别人的影响。这意味着，当我们能看清自己的模样（仅指字面意思）时，我们更容易被人说服。因此，在一面镶有镜子的墙壁前或能映照出人影的壁板前进行交谈，能提高对方答应你的概率。

（4）相互劝说。

恰尔迪尼、格林和鲁西发现，如果某人之前曾经成功劝说你改变了主意，那么这一次如果是你出面劝说他改变主意，他就更有可能被说服改变对某一事物的看法，就像是以此作为对你的回报。与此类似，如果你之前曾拒绝他的恳求或建议，没有改变自己的想法，那么这次他也更可能会拒绝改变主意，作为对你的“报复”。在这种情况下，你只需这样说就能轻松地化弊为利、给自己争取主动：“我后来又思考了一下你说的话（可以是任何他之前阐述过的观点），觉得你的想法挺对的，你说得没错。”

（5）研究证明，当一个人持有和你相反的观点时，你应该采用正反两面论述来说服对方。

当你和一个顽固的人打交道时，我们大可以假设，他的观点或者说至少一部分观点是基于事实做出的。因此，一边倒的论述会让他觉得你压根没有考虑过他的想法。因此，在这种情况下，如果进行正反论述（考虑到“先入为主”原则，请务必首先表述你的观点），你就会发现对方没有那么顽固了。

（6）让他认为，从某种角度来说，这个点子是他先提出的。

此举能带来不少好处，最重要的一点是，他将更加认同这个想法。因为这种做法可以促使他进一步让其行为与其信念体系保持连贯一致。在成功消除了他的抵触情绪之后，你只需要再利用一些心理刺激策略促使对方采取行动就可以了。你可以结合第13节“在任何场合中，让别人立即采取行动”中提到的一些诀窍来完善这一策略。

以上介绍的内容是相对简单的一部分。但别忘了，在几页之前，我们说过，顽固不化的思想背后，可能存在着四种不同的动机。应用上述策略，我们可以改变由前三种动机导致的顽固思维。但如果某个人的固执己见是由最后一种动机引起的，那该怎么办呢？（你应该还记得，最后一种动机指的是对方对某一种特定情境反感——也就是说，你提出的新观点与对方的自我认知不一致，或者说与他对自己的看法不一致。）

让由于最后一种动机而固执己见的人改变主意，需要采用不同的策略。原因是，当某种信念在我们心中已根深蒂固的时候，这种信念往往会涉及我们的身份认同。这意味着，改变我们的观点，就会迫使我们重新评估一切，这包括：我们怎样看待自己？我们怎样看待这个世界？

此类人已经将自己和他的信念视为一体。质疑他的信念，就是在逼迫他质疑自己的为人。比如，你想让老板把管理人员名单上你的名字再往前面挪一挪，因为公司会照着这张名单上姓名的顺序发奖金。他断然拒绝了你，因为他认为自己是一个公正、诚实的人，他不愿意破坏公司的制度。如果他为你这样做了，就等于是在质疑自己的整个自我认知，即他如何看待他自己。此时，无论你怎样为自己辩护，他都不会让步，因为这不是你的问题，而是他如何认知自己的问题。

在解决这个问题之前，任何影响他人、说服他人的技巧都不会奏效。问题的关键并不在于将他与他的行为相割裂——我们常常试图这样做，但一个人的行为与他的自我认知偏离得越远，这个人就会越焦虑。根据我们的心理学方法论，我们将采用一种策略，让他的自我认知和他的行为融为一体。

我们继续来分析上面的例子：你希望老板帮你一个忙，但他什么都不愿意做。举一个极端的例子，我们大多数人都认为自己是个好人，而作为好人的我们当然是不会去杀人的。但在什么样的情况下，你会认为杀人是可以被接受的呢？如果你的性命或者你家人的性命遭到了一个疯狂的持枪歹徒的威胁呢？在这种情况下，你完全可以反杀这个歹徒，同时继续维持“我是一个好人”的自我形象。换句话说，只要改变一些参数，你就能让一些行为变得可以被人接受，甚至被视为必要之举。

只需引入人类行为中的一些理想品质，那些我们都认为自己拥有的理想品质，就能让这一策略的实施变得简单许多。你只需要借助某种崇高的价值为自己正名就行了，而且这一价值要比对方所推崇的价值更伟大、更重要！

在什么样的情况下，将一位管理人员的名字挪到名单上其他人的前面，会看起来顺理成章呢？一种可能是假如这位管理人员没能得到奖金，这就会给他带来严重的损害，在这种情况下，这一行为也许就可以被人接受了。请注意，你不应该编造任何理由，也没必要这样做。如果你真的需要某人为你做某事，那么你一定有你的理由，你只需要给出这一真实的理由就足够了。记住，你提出的具体理由究竟是什么，这点并没有那么重要，重要的是你得以正确的方式陈述你的理由，而这意味着，你得将你的愿望渗透到对方的道德观和自我认知中。你要做的并不是瓦解对方的正义感，而是去努力迎合这种正义感。我们当前这个例子就是最棘手的情形之一。在现实生活中，你需要应付如此棘手的局面的可能性极小。但现在，如果你真的需要处理这种情况，你也已经有所准备了。

但是，等等，有没有什么诀窍能用来辨别一个人对某件事究竟有多顽固呢？你肯定无法改变所有人对所有事的看法。有的时候，的确有一些人无论如何都不肯松口改变主意。别担心，我们即将介绍的策略不仅能帮助你判断对方的态度是否存在改变的可能，还能帮助你在事实上改变他的思维（前提是对方能够灵活变通）。这些策略能帮助你节约不少的时间和精力。

心理撬棍

你有时是否希望了解他人愿不愿意做某件事？在尝试新事物方面，她的思想有多开放？你是否希望知道某人是否只是装出强硬的模样，但其实很容易让步并答应你的请求？现在，让我们试着用这根“心理撬棍”打开他人紧闭的心门，看看她的真实想法是什么。我们即将介绍的是分辨某人的心态究竟有多开放的完美测试手段。而且，这根“心理撬棍”还能帮助你铺平道路，让对方敞开胸怀，毫无保留地接纳你的想法。

有的时候，人们表现出强硬的拒绝姿态，是因为他们知道，如果他们不得不用语言和行动主动捍卫自己的“阵地”，他们会很快失守。据说，最容易被说服的人，就是那些在门口挂着“谢绝推销”“谢绝律师”的人。原因在于，这些人深知，只要让推销员进了门，他们一定会禁不住对方的软磨硬泡而乖乖付款——无论对方向自己推销的产品是什么。

要使用这一策略，你可以试着询问对方，假如你能完成某项高难度的任务，她是否能答应你一件事。比如，你可以让对方在一张纸上写下 1~100 之间的一个数字，然后询问她，如果你能猜到她写下了哪一个数字，那么她是否能答应你的要求。她很可能会同意，因为她知道，你猜对数字的概率很小。而如果她连这样的条件都不答应，那说明她在这件事上真的很固执，绝对不会改变自己的立场。

这一心理策略的重点不是让你真的猜对数字（即便你的确有那么厉害），而是在于观察对方是否愿意碰碰这个运气。如果对方这时仍然一口回绝了你，那么你就能明白，无论如何她都不会答应你。但是，如果对方愿意碰碰运气，那就说明你已经成功走出了改变她的信念体系的第一步——而这就是你需要的全部。你让她的态度从决然的“不”变成了“有可能”。现在，她不得不开始调整自己的信念体系，为这种改变的可能性（尽管可能只是微乎其微的可能性）做好准备。为了降低认知失调的影响，她会在无意识中调整自己的思维模式，而她的心灵也因此变得更加开放了。

而且，她现在也会更倾向于将自己看作一个愿意冒险的人——而你也正希望她这样看待自己，因为你提出的请求位于她惯常的舒适区之外。

实际上，只有那些多多少少愿意答应你的请求的人才会同意配合你做这个小测试。因此在某种层面上，在她内心深处，她已经有了答应你的请求的微弱意愿。而对方的配合会让你意识到，你所面对的并不是一个不可能完成的任务。

策略回顾

- 运用“心理撬棍”测试，来判断对方对某件事的态度到底有多固执保守。
- 由于人类具有追求内在一致性的强烈需求，因此让对方认可某个与你的建议或请求类似的想法或思维方式，那么之后如果她再提出反对就会遇到很大的心理阻力。
- 如果你想让对方做某件事，不妨试着以某种方式限制他做该事的能力。然后为他提供一个合适的机会，让他来给出解决方案。
- 一个人的情绪状态和他的生理状态直接相关。改变你更容易改变的事，即对方的生理状态。
- 如果缺乏新的信息，对方一定不愿轻易改变主意，因为这样会让他觉得自己是一个出尔反尔、反复无常的人。在让对方再考虑一下之前，试着为其提供一些额外的信息。
- 让对方知道，不久前你也曾受到她的观点的影响而做出了改变。如果某人曾经成功地说服别人，那么后者通常会“投桃报李”，因为前者的劝说而改变对某一事物的态度。

- 采取正反辩证法增加你的可信度，但务必先陈述那些对你的观点有利的论据。
- 如果有可能，让对方明白，从某种角度上说，这个观点出自她。
- 配合使用第 13 节“在任何场合中，让别人立即采取行动”中的策略。
- 如果你的观点与对方的价值体系相违背，试着改变你所提出的请求的条件参数，让与之相关的行为能被对方接受。

17

让别人出手帮你

你怎样才能在任何情境下得到任何人的大力协助？如果你采用本节中的这些心理学策略，你就能随时随地在几乎任何事上得到他人的帮助。以下列出的十大因素决定了别人是会尽其所能地帮助你，还是会礼貌地（或者不那么礼貌地）拒绝你的请求。（如果你担心的是对方答应了帮你却不能帮到底，请参照第 15 节“让别人履行对你的承诺”提到的策略。）

时间因素

什么时候是请求别人帮忙的最佳时机？你是应该等到急需别人出手时再说，还是应该尽早开口、越早越好呢？答案是：尽早开口，越早越好。你提出帮忙的时间越靠近那个需要对方采取行动的时间节点，对方的焦虑感就越强，他为了帮你而不得不去做的事情在他的脑海中就显得越“真实”，因而你得到对方协助的可能性就越低。如果事出紧急，你迫切需要别人的协助，那么根据相关研究，你应该去找那些现在不着急做什么事、手头比较空闲的人帮忙。和那些有事缠身或匆匆忙忙的人相比，那些目前没有时间压力的人更有可能帮你的忙。

互惠因素

你是否曾经想过，为何那些宗教人士常常给在机场中的过路人送花或别的礼物？因为他们知道，大多数收了礼物的人都会觉得自己至少应该捐赠一点儿小钱作为回报。我们都知道自己不是非捐钱不可，但如果不这样做，我们就会感到不自在，即便一开始并不是我们主动索要礼物的。如果某人送了我们什么东西，我们常常会感到自己欠了对方人情。因此，如果你给“目标人物”送了一些礼物——任何东西都行，那么对方答应给你帮忙的概率就会大增。你赠送的礼物可以是你的时间、你的关注，甚至可以是一个小小的加油手势、一句真心的赞美。

旁观者因素

无数助人方面的研究显示，随着冷眼旁观、无动于衷的旁观者的人数增加，乐意帮助别人的人在人群中所占的比例就会减少，这被称为“旁观者效应”。在这种效应的影响下，人的行为会受到“责任扩散”的影响。该效应几乎在所有情境中都适用。如果你想求人帮忙，那么你应该让他知道，除了他之外，你没有其他人可以求助了。如果对方认为你完全可以找任何人帮忙，自己没必要来做这个好人，那么他的责任感就会降低，也不会认为自己有义务帮你了。

情绪因素

我们是否必须等到对方心情好的时候才能开口求助呢？未必。但在不同情绪下，起作用的心理机制的确略有不同，因此你的确应该根据对方的情绪采取不同的策略。研究表明，如果对方当时心情不错，你应该让对方准确无误地知道你需要他做什么，并且让他知道，从某种角度来说，帮你的忙会让他心情愉快。这是因为，如果需求模糊不清或帮忙的结果会令人不快，那么对方当下积极正面的情感状态会让他更倾向于选择不帮忙。这是因为，当我们心情不错时，我们都不想让任何事破坏自己的好心情。

研究还表明，负面的情绪可能会让一个人更加乐于助人。因为帮助别人能让他心情变得愉快起来。那些心情不佳的人受到这一心理作用的驱动，会采取一些行动来改善自己的心情。

尽管存在一些例外情况，但一般来说，当对方心情不佳时，你恳请对方做出的帮助行为应该是在对方看来相对容易和有效的，并且帮你的忙能带来积极的情感回馈。因此，当对方心情不太好时，你一定要强调一下你希望他做的事并不太费心费力，对他来说不过是举手之劳；而且在帮了你的忙之后，他一定能高兴起来。

冷漠还是移情

假如对方认为，你陷入困境是因为你无能或无知，那么对方的态度更可能变得冷淡而不是开始同情你。如果你无法让对方移情或者同情你，那么让他出手帮忙就会困难许多。

研究表明，如果对方认为你的困境不是你本人造成的，那么对方帮助你的可能性就会增大。顺便说一下，我们很多人都热衷于帮助生病或受伤的动物，比如小猫小狗，这就是原因所在。我们知道小猫小狗受了罪并不是因为它们自作自受，也正因如此，我们才如此难过。与之形成鲜明对比的是，很多大城市的人对流浪汉抱持着冷漠的态度。人们会无动于衷地从一个无家可归的人身旁走过。因为他们会想，这个无家可归者很可能是一个吸毒者、一个瘾君子，让自己陷入这样的境地是他们自己的问题。当一个人遇到的麻烦并不是拜他自己所赐时，我们就会感同身受地同情他，而这引发了我们施以援手的强烈愿望。因此，你需要让你的求助对象了解到，你目前的窘境是外部事件导致的；从某种角度上说，你是外部环境的受害者——如果真是那样的话。

相似度因素

简单地说，我们更倾向于帮助那些我们喜欢的人，而我们一般更喜欢那些和我们相似的人。（第 1 节对该问题做出了更详细的解释。）事实上，我们总是更乐意帮助那些我们喜欢的人，而我们常常因为对方“和我们一样”或者在某方面和我们相似而喜欢上对方。

内在一致性

一些关于人的记忆和行为关系的有趣研究得出了这样的结论：人们常常将他们对自我的认知，建立在大脑中容易获得的那些信息的基础上。举个例子，如果有人让你想想，你什么时候有过冲动的行为，而你相对轻松地回忆起了这样一些事件，那么你就会把自己看成一个行事冲动的人，至少你短时间内会这样想。但是，如果你难以回忆起你做过什么冲动的事，那么你的自我认知就会基于你无法快速从记忆中搜索出相关事件这一点而做出相应判断，并由此得出结论（无论是在意识层面还是在无意识层面）——你是一个在行动之前思虑周详的人。

这一行为定律之所以总能发挥作用，是因为它与我们所遵循的期望法则相一致：我们会采取与我们对自我的认知相一致的行为。到目前为止，你应该已经通过其他章节了解到“自我”的力量有多么强大，而我们追求“内在一致性”（我们如何看待自己，就会如何行动）的需求又有多大的威力了。按照这一逻辑继续推理即可得出：如果你改变了某人的自我认知，那么你也将使他的行为发生改变。现在，我们已经知道一个人的自我认知是如何改变的——它会受到回忆相关事件的难易程度的影响。

既然我们会基于回忆的难易程度来对自我做出相应的判断，那么你就能采用一些策略改变别人对自我的认知。而在此之后，当事人就会调整自己的行为，使自己的行为与这一已经修改的自我认知趋向一致。这一心理作用非常强大，因为它还涉及第三条定律：一致性定律。简单地说，一致性定律指的是：人类的潜意识中存在一种使自己的行为与自我认知保持一致的强烈欲望。比如，假如你认为自己是一个充满爱心、有同情心的人，那么你无论何时都不会表现得粗鲁无礼、面目可憎。

现在，如果你想让一个高度紧张的人表现得平静、放松，但你知道，这个人平静放松的时刻少而又少，想要让他回忆起这些时刻恐怕很难，那么此时你应该如何让他放松下来呢？请放心，这不是什么难题。研究表明，只需让他详细描述一下自己的某一次平静放松时刻的片段，从而暂时把自己想象成一个平静的人，你就能得到你期待的结果。人们常说："一张图胜过千言万语。"他花在详尽回顾这一事件上的这段时间所起的效果，可以有效替代回忆起多个片段的轻易性所起的效果。

要点提示

这种信息提取的影响也是有些人会歪曲地看待自己的原因所在。当回忆起他们人生中的失败和错误时，他们似乎拥有计算机一般超强、超快的记忆。于是他们就把自己看成了失败者。即便我们取得的成就远远多于我们犯下的错误，但只要我们更容易回忆起我们的错误，我们就会把自己当成失败者。正是这样的回忆，决定了我们到底如何看待自己。

如果你善于运用这一策略，那么让别人帮你的忙就会变得简单许多。我们采取的行为会与我们对自己的看法趋向一致，因此，假如你能改变对方对自我的看法，你就能立即让他的行为模式发生改变。

榜样的力量

在听闻别人“做了一件好事”之后，我们会受到潜意识的驱使，意欲效法别人、去做类似的好事。正是这样的心理在现实中让献血者的数量得到了提升——该结论出自欧文·萨拉森及其同事对 10 000 名高中生进行的实验研究。在这项研究中，研究者邀请一组学生观看幻灯片，并在这些幻灯片中混入了 38 张有关高中生献血场景的照片，而对于另一组学生，研究者没有让他们看这些幻灯片。结果，在被要求参加献血活动之后，第一组学生的献血率比另一组学生高出了 17%。也就是说，仅仅是观看别人献血的照片就足以促使更多的学生参加献血行动。无数实验研究——从关于捐款捐物的研究，到关于帮助别人换轮胎的研究，都得出了同样的结论。这些证据足以证明，树立乐于助人的社会榜样，的确能引发人们产生利他主义的思想。

但很多时候，你无法让你的求助对象亲眼看到其他人正在做你想让他做的事。不过没关系，就算没让对方亲眼看见其他人在帮你的忙，你仍然能运用这一策略。在现实生活中，这种做法说不定还更有效一些。正如你在上文中看到的那样，根据第三个因素，你得避免让“责任扩散”法则发挥作用。因此，如果让某人了解到还有其他人在帮你的忙，这种做法也许反而会起反作用。相反，你可以使用一些隐喻和故事劝说对方，它们也是说服别人的强大工具。你可以告诉他，在类似的情况下（不一定是在当前这一特定情境中），别人都曾帮过你的忙，此时，榜样的力量就会开始发挥作用了。

自我因素

研究证明，当某个人的朋友的成功不会对他本人的自尊构成威胁时，这个人会更愿意帮助他的朋友。反过来说，这就是我们更可能去帮助一个陌生人，而不是帮助我们认识的人的原因。千万别让你的求助对象觉得你对他造成了威胁，或者你和他之间存在某种竞争关系。同样，任何程度的嫉妒或羡慕也会抑制合作氛围的形成。试着消除你们二人之间的所有竞争因素。你应该营造这样的感觉：是你和我共同应对某件事，而不是你在帮我得到我想要的东西。

坚持的力量

大多数人之所以拒绝别人，是因为他们排斥变化。因此，不要在只恳求了别人一两次后就放弃，要在恳求了别人六次之后再作罢。根据相关研究，六是一个具有魔力的数字。在被恳求了六次之后，大多数人都会倾向于答应帮忙。当然，有的人会立刻答应帮你，有的人会在你恳求几次后才答应你，但无论如何，你都应该尝试多次提出请求，千万不要轻易放弃。

要点提示

你的求助对象显然应该关心你和你目前的处境。如果你善于运用这些策略，那么他应该会表现出这样的倾向。然而，如果对方仍然对帮忙之事不太热忱，那该如何？研究表明，当情感共鸣较少时，人们对报酬、代价等方面更感兴趣。因此，如果在多次请求后对方还是表现得很漠然，那么你就得明确告诉他，如果他愿意帮忙，他能得到什么好处。现在，事情就变得更简单了，你只需要让他明白给你帮忙利大于弊就行了。

策略回顾

- 如果你需要在近期之内让别人帮你做什么事情，你应该在对方手头没有其他事情的时候提出请求。如果这件事情并不需要立刻完成，你最好早点提出来，越早越好。

- 让互惠原则发挥作用，试着帮对方做点什么。你送给他的“礼物”可以是你的时间、你的关注，甚至是你的一个加油手势或一句赞美。
- 尽可能避免旁观者效应发挥作用，从而让对方无动于衷。让对方知道，唯有他能帮助你，这种做法能增加对方的责任感。
- 你的请求应该包括三个要素：
  （1）你需要对方做什么；
  （2）帮助你如何让他心情愉悦；
  （3）完成这一任务对他来说是比较容易的。
- 如果你的困境是因为自己无能，那么对方就会漠然视之，而不是对你产生同情。向对方说明，让你陷入困境的原因并不是你自找的。
- 重塑对方的自我认知，让他认为帮助你这个行为与他自己一贯的为人处世之道是一致的。
- 知道别人做了好事，会让人们在某种潜意识的驱使之下做同样的事。让对方亲眼看见他人提供帮助的行为，或转告对方在类似情境下别人曾予以帮助。
- 研究表明，如果对方觉得你的成功对他造成了威胁，他就不太可能会出手相助。试着将情况描述为你们在为达成共同的目标而合作的双赢局面。
- 最重要的是，坚持不懈地请求对方帮忙。很多时候别人拒绝你，是因为拒绝比应允容易，他们已经习惯了拒绝别人。在不违背上述这些法则的情况下，不要放弃提出请求，这种做法最终总能让你有机会赢得别人的协助。

- 最后，一旦对方答应帮忙，很重要的一点是让他帮你到底。因此，可以配合使用第 15 节“让别人履行对你的承诺”中的策略，确保对方履行承诺，帮你到底。

18

关于领导力的重要心理学策略

让别人追随你

你有很多好主意，你有清晰的视野，你准备改变世界……只有一个问题：你想领导他人，但他人并没有如你所想的那样追随你。对那些已经掌握领导诀窍的人来说，领导他人似乎简单极了，但对那些渴望拥有卓越领导能力的人来说，领导他人的技巧实在有些令人捉摸不透。卓越的领导能力，与其说是艺术，不如说是一门科学。如何让任何人都成为魅力非凡、热情洋溢的理想领导者呢？本节我们就来探索一下其中的关键因素。

有效的领导技巧由若干因素构成，这些因素可分成两大类：领导者人格特征和领导行为的运作机制。

领导者人格特征

（1）身份认同

高超的领导才能意味着时时为别人着想。如果你能激起别人的欲望、需求、渴望，你就能促使任何人行动起来。但在行动前可别忘了：别人不关心你知道些什么，除非他们意识到你的确关心他们。人们能察觉到你是否言行一致。而且，除非你自己真的抱有对某件事的信念，否则你就无法领导别人去做这件事。老子所著的《道德经》中曾这样论述领袖的身份认同意识："圣人无常心，以百姓心为心。"为了获得身份认同，你千万不能脱离团队，而应和团队成员打成一片。

（2）谦逊

仅仅做到为团队着想还不够，你还必须成为团队中的一员。强烈的自我意识并不能让你成为一位优秀的领导，这可能和人们通常的认知不太一样。只需看看圣雄甘地和马丁·路德·金，你就能知道谦逊能孕育出怎样美丽的花朵。《道德经》中还提到："是以欲上民，必以言下之；欲先民，必以身后之。是以圣人处上而民不重，处前而民不害，是以天下乐推而不厌。"

那些以强烈的自我意识统治别人的人，是在用恐惧和愤怒进行统治。一旦恐惧和愤怒之情消散，他们的影响力也就随之消散了。在人类历史中，唯我独尊的暴君、独裁者和武夫比比皆是。据说，最适合做领导的人，不是那些因为渴求权力而一心想要上位的人，而是那些受到人们爱戴而被推上领导职位的人。不要以为自己成了领导就比别人更优秀，你只不过是比其他人更有领导别人的意愿，并已为此做好了必要的准备而已。

（3）风格

领导他人、发挥影响力的最有效的工具，可以用一个词概括：简单。没人喜欢遵循复杂、紊乱的指令行动。我们再来吸取一些老子的智慧："天下多忌讳，而民弥贫；民多利器，国家滋昏；人多技巧，奇物滋起；法令滋彰，盗贼多有。故圣人云：'我无为，而民自化；我好静，而民自正；我无事，而民自富；我无欲，而民自朴。'"

如果你试图驱使别人追随你的思维模式，那么你的计划必须清晰而有条理！如果你的设想中充斥着各种例外情况，存在多个焦点而缺乏真正的重心，那么你一定会让别人丧失兴趣，撤回对你的支持。所以，务必要清晰、简单、直接。请注意，这并不是让你表现得僵硬刻板、不知变通。如果别人认为你顽固不化，那么他们也会觉得你这个人不合情理、不近人情。保持一定程度的灵活性，但必须是合情合理的灵活，而不是因为灵活处事更容易一些。

（4）个人影响力

现在你已了解了一些有效的领导策略，但每一位优秀的领导者都知道，有的时候，你需要学会对个体施加影响，才能让对方配合你。因此，我们现在再深入一步，谈谈你该如何同时在扮演好领导角色的同时展现自己的为人。

作为一个认真负责、具有权威的领导，你该做什么、不该做什么呢？以下是一些关键点。首先，永远不要混淆“激情”和“威信”。不要过于情绪化。情绪能传达出热情，这是好事，但过多的情感将有损你建立自信、权威的形象。行为言语过于煽情的领导者能够给人可信之感，但没有人愿意追随他们。其次，永远别对任何人大喊大叫、提高嗓门说话。这样做会让你失去别人对你的尊重。如果你无法领导好自己，那么你也无法领导别人。而如果你无法驾驭别人，那么人家也就没有理由听命于你了。再次，尊重每一个人。忽视别人并不会让你的形象高大起来，反而会让你显得渺小卑微。尊重、关注任何人，能让你拥有所有优秀领导拥有的关键特质：领袖魅力。你得让大家看到他们自己有多么伟大，而不是向大家展示你自己有多么完美。只有这样，你才能拥有这一难以捉摸的领导者特质。众人会跟随能让他们自我感觉良好、觉得自己有价值的领导，而不会跟随那些让他们觉得自己无足轻重的人。优秀的领导者不会费尽心机地让别人去相信他们，相反，他们会引导别人去相信他们自己。

最后，很多研究已经指出，当两个人或两个团队为了共同的目标而合作时，两者之间的紧张局面就会有所缓解。即便系统内部存在明争暗斗，缺乏凝聚力，人们也会将注意力转向共同的外部敌人。关于这个问题，详见第 21 节“让任何一群人和谐相处”。

领导行为的运作机制

在你得到了他人的拥护和支持后，你仍然需要运用一些心理学策略，以赢得他人的长期承诺。在各项领导能力中，最关键的一项是，明白如何去征求别人的意见，以及何时去征求意见。能否处理好这个问题，决定了领导的成败。

问题是，要想发挥好领导作用，领导应该怎样把控团队成员的参与度，才能达到最理想的状态？你应该充分发扬民主精神，还是应该进行强硬专制的统治？对此，有相关研究表明，让下属适当参与决策过程的领导者，通常比让下属过多或过少参与决策过程的领导者发挥出了更好的领导作用。另有研究表明，如果领导者不需要下属的支持，能够完全根据自己的专业知识和专业技能做出决定，那么在这种情况下，他就不应求助于人。但是，如果他的确需要别人的支持，他就应该开口提出来。一个人的领导风格应该灵活一些，根据不同情境的需要而在做法上有所调整。

策略回顾

- 领导者应通过与他人取得身份认同，获得人们的信任和支持。切莫脱离团队，而应融入团队之中。
- 谦逊是有助于实现高效领导的最强有力的人格特征。强烈的自我意识会在领导和团队之间竖起一道屏障。
- 你提出的设想必须清晰、简单、有条理。没人喜欢遵循复杂、混乱的战略战术。
- 不要混淆“激情”和“威信”。行为言语过于煽情的领导也许能够得到团队成员的信赖，但很少有人愿意追随他们。
- 不要对任何人大呼小叫或公开责骂，这样做会让你失去别人对你的尊重。

- 让别人感到自己很重要、很特别，能立即赋予你非凡的领导者魅力。这种魅力常常是不可捉摸的，但永远都是非常重要的。人们愿意追随那些让他们自我感觉不错的人。
- 了解领导行为的运作机制，明白何时适合征求别人的意见，何时适合自己做出决断。

19

让别人能够理解一切

解释复杂事物的两大诀窍

如果你希望某人同意某事或采取行动，那么你首先应该让对方明白你在说的究竟是什么，你想让他做的事情到底是什么。当你发现在你翻来覆去地一再解释某事，而对方却仍然一头雾水时，你一定会感觉十分沮丧。但只需运用以下两大策略，那么无论对方是谁，你都能把事情解释得清楚明白。

首先，你应该让对方了解你所讲述的事情的背景信息。想要轻松地解释清楚一个难以表述的观点，你需要先描述整体背景，让对方能从整体上把握情况。

让对方提供全局信息，这样他才能明白事情的来龙去脉。举个例子，你能听懂并记住一句话，那是因为你知道并且理解这句话中每个词的意思。一个由十个随机抽取的词语（比如蝙蝠、离开、飞翔、怎样、向、启动器、绝不、亚热带、巨大、母鸡）组成的词语序列很难让你立刻记住；而一个由十个词语组成的意义连贯的句子则一定好记得多，比如：四个男孩当时正在转角的房间里阅读《莎士比亚全集》。你完全能将这句话复述一遍，轻松地将它记住。但上面那个由十个互不相干的词语组成的词语序列，你需要花多少时间才能记住它呢？记忆一个句子更加容易，这是因为你能理解句中每个词按照此顺序排列的原因和语境，以及词与词之间的相互关系。

在未能保证对方理解全景的情况下向其解释细枝末节，就像要求他人在没看到全图是什么的情况下进行拼图。对方没能搞清状况，往往是因为他们对事情的来龙去脉一无所知。

第二个确保别人能理解你的因素，和预期有关。已有很多研究表明，预期对于理解是非常重要的。以下这些实验研究都证明了这一点：（1）事先告知一些女生，她们的下一次数学测验会考得很差，而结果她们的测试成绩果然很糟。（2）告知第一组生产流水线上的工人，他们的任务非常复杂、困难。同时，告知第二组流水线工人，他们的任务非常简单、容易。结果，在两组工人的工作任务实际上一模一样的前提下，第一组工人的工作效率要显著比第二组工人差。（3）让一些成年人破解一个相当复杂的迷宫问题，如果告知他们这些迷宫问题的难度只是小学水平，那么他们走出迷宫的速度就会快很多。

我们自己的预期以及他人对我们的预期，会在很大程度上影响我们理解信息的能力，以及我们随后的表现。如果你希望别人能够理解某些事或观点，那么首先，你需要解释一下相关的背景知识。其次，你应告知对方，你期待他能理解你准备传递的信息，而且这些信息都很好理解。除此之外，在此过程中给予对方一些积极的鼓励，也能让他一直保持学习、理解的热情。如果你能熟练运用这样的策略，那么你就能大大提高他人理解、运用和记忆信息的能力。

策略回顾

- 先让对方了解事物的全貌、全局，随后再解释细节。这样有助于将新的信息放在一个可以更容易理解的背景框架之中。
- 灵活运用预期效应。只需表明你期待这些信息能够被对方快速而容易地理解，如此，你就能大幅提高对方理解、记忆信息的能力。

20

少数法则

让多数服从少数，让大家按你的意愿行动

历史长河中不乏特立独行的远见卓识之士，这些先行者不屈不挠，以自己超前于时代的思想，塑造了一个未来世界。这些自由的思想者并不是凡俗之辈，而是一些敢于挑战传统，从而为变化、进步和自由铺平道路的男男女女。他们对正义的事业怀有坚定的信念，从不轻易屈服妥协；他们奋起克服不可逾越的重重阻碍，以满腔热情唤起社会良知。

但如果你想吃寿司，而其他人都想吃意大利餐怎么办？没关系，你一样能达到你的目的。在你寡不敌众、与大多数人意见不同时，下文将要介绍的策略能让大多数人倒向你这一边，接受你的想法。无论是你希望自己的建议能被公司采纳，还是你希望别人陪你看一场他们并不想看的电影，你都会发现这个方法非常管用。无论你是有 1 个盟友、10 个盟友还是孤军作战，你都会发现下面这些基于人性设计的

策略能够帮助你，让你战胜比你强大的力量，并对它们施加影响。（当然，我们还可以综合运用第 14 节“让别人采纳你的建议”和第 16 节“让一个固执的人改变主意”中的策略，以完善你的整体策略。）

你能在多大程度上让大多数人转变自己的立场、接受你的想法？下文列出并阐释了这背后的六大主要决定因素。

一致性

首先，你和（或）你的盟友必须坚持到底地反对持相反观点的大多数人的意见。研究表明，如果你犹豫不决、含糊其词，或者表现出准备向多数派屈服的迹象，那么你的影响力就会被削弱。换句话说，发表类似“基于所有信息，我们百分之百坚持我们的立场”这样的观点就是遵循这一原则的体现。相应的，我们不建议你这样说：“嗯，我不知道……不，只是我觉得这样会更好一些……是的，没错。”

灵活性

研究表明，你和你的团队应避免僵硬死板和教条主义的做派。少数派不顾新信息的出现或已变化的情况而仍然坚持原来的立场，肯定不如展现出一定的灵活性更有效。这一点和上一条原则并不矛盾。如果情况没有变化，那么你们的确应该统一口径、绝不妥协，但如果有了新的证据或出现了特殊情况，你们就应该花点儿时间（或至少做做样子）考虑、权衡一下新情况、新信息，而不是随随便便地无视新情况、新信息。根据这一原则，你可以采取这样的说法：“这个想法挺有意思的，之前我们没有考虑过。我们为什么不花点儿时间再权衡一下？”而一个典型的反面例子则是：“不不不……我不关心这些！我们的立场就是这样，没什么好谈的。”

各个击破

大量研究表明，当我们有盟友时，我们更可能坚持自己的立场。换句话说，如果吉姆知道鲍勃也反对你的主张，那么他就更难改变他自己的立场。然而，如果吉姆以为只有他一个人这样想，那么他不仅更容易改变主意，也更容易同意他人的意见，因为他以为其他所有人都是那样想的。不要让对方因意识到人多势众而增强信心。如果可能的话，分别找每个人单独谈话，争取各个击破。

喜爱程度

如果你和绝大多数人意见不合，那么你往往会被看成一个不太友好的人，并且被众人讨厌，因为你是这个团队的不和谐因素。讨人喜欢是影响他人的一大关键要素。破解上述局面的窍门就是，指出你的观点符合大多数人的利益，你并不是只为了自己着想。试着配合使用第 1 节“让大家都喜欢你……每时每刻”中的策略，你就能力挽狂澜、避免失去人心。

新的角度

无论何时，如果你希望别人重新考虑、重新评估他的想法，你都要记得将新的信息引入当前的平衡式。这样的话，对方就能基于额外的信息做出新的决定。借助这种方式让对方改变主意，要比单纯说服别人转变立场容易许多。因此，类似这样的措辞就会有不错的效果："我理解你之前为何会这样想，但我们刚刚发现……（此处补充新的信息）。考虑到这个新的信息，也许我们可以换个角度来看问题。"

外部支持

如果仍然没有人让步，那么你现在打算怎么办？如果你到现在为止仍然未能掌握优势，那么不妨试着运用社会认同法则，在你所在团队的外部找到和你持有同样观点的人。这样做能让你的团队成员更主动地重新评估他们的想法。不知道如何去找支持你的人？这好办，你只需要找到一个同意你的看法的专家或其他人，且此人是个与你所在团队没有利益关系的局外人就可以了。

一项研究表明，当一群大学生突然收到要在毕业前进行院系考试的强制性信息时，就学生对此条信息的接受度而言，论据越有力，其接受度就越高，这一结果并不让人意外。但当发布的信息对这些学生没有什么影响的时候，比如提议院系考试制度将在 10 年内开始执行，那么就学生对此条信息的接受度而言，论据的有力与否并不会带来什么区别，但信息是否有专家背书以及是否有可靠来源的影响则变得十分重要。

所以，当你的论据不够有力和充足时，试着从与你或你的团队没有直接利害关系的人那里寻求支持，因为这些人往往没有那么在意你所持观点的可靠性。

策略回顾

- 你和（或）你的盟友应该坚持到底地反对大多数人的观点。不要流露出犹豫不决、摇摆不定的迹象。
- 避免僵硬死板、教条主义的做派。在有新信息出现的时候，少数派如果仍然无视变化的情况，死守原来的观点，其说服力就会被削弱，不如表现出一定的灵活性。
- 各个击破。已有大量研究证明，当我们有观点一致的盟友时，我们更容易坚持己见。
- 当你和大多数人意见相左时，你就会更容易惹对方讨厌，并因此更难让对方改变立场。试着运用第 1 节“让大家都喜欢你……每时每刻”中的策略，给你自己争取一些优势。
- 不要试图在没有引入额外信息的情况下让别人改变主意。
- 如果你仍然未能掌握优势，不妨试着运用社会认同法则，找到与你观点一致的外部人士来支持你。
- 翻阅第 18 节“关于领导力的重要心理学策略”，让你的论述尽可能地有说服力。

21

让任何一群人和谐相处

无论是争吵不休的朋友，还是积怨多年的家人，下文即将介绍的这些小诀窍都能帮助你迅速消除分歧，让所有成员握手言和、团结一心。

已有很多研究表明，当一个团体受到外部力量的威胁时，其内部成员间的分歧就会迅速化解。因为外部事件的出现能让团队成员产生齐心协力、一致对外的需求，我们会在团队内部寻求支持，从而保持高度的一致感。国家内战、社会动乱、内部纷争等，常常会因为共同敌人的出现而平息下来。相反，在没有受到外部力量威胁的情况下，人们往往会把注意力转移到团体中的某个人身上，并对他产生敌意。所以，促成团队成员相互合作的最快捷的方法是：（1）制造一个外部的威胁；（2）让你的团队与另一个团队进行竞争。一个共同的敌人能立刻让一个内部不和的团队团结起来，其效力之大是任何一种提高团队凝聚力的技巧都比不上的。

这种现象也会出现在我们自己的生活和精神领域中。当我们没有目标、精神缺乏寄托时，我们的大脑就会自己找自己的麻烦，沦为滋长焦虑和烦恼的温床。但是，一旦你有了明确的外部目标，并且这个目标能够唤醒你全部的激情，那么你内心的骚动不安就会随之平息。你是否注意到你自己的人生就是这样的？当你有了明确的目标后，你的心情就会变好，你的注意力就会变得明确而集中。突然之间，“那些小事”似乎再也不重要了，你现在把目光投向了真正重要的事情。

人的心灵就像一个团队，如果注意力没有被什么事情占据，就会自己找自己的麻烦。当我们没有重点关注对象时，我们就会不安、骚动起来，而恐惧就由此生根发芽。而一旦有什么我们感兴趣的事占据了我们的注意力，我们就会平静下来。这就是为什么很多人发现拥有个业余爱好可以让自己放松许多。当我们关注某个外在事物的时候，我们会全神贯注于那件事，甚至会达到一种忘我的境界。正因如此，那些无所事事的人往往是最神经质的。由于缺乏吸引他们注意力的外部焦点，他们的大脑频繁陷入内部斗争的旋涡。而一旦有了目标，他们的注意力就会转向外部世界。一个团队也是如此，当一个团队面临某个棘手的问题时，团队成员就会很快停止内部争斗，迅速将精力转向这一外部目标。

罗斯和塞缪尔斯关于这个问题的研究很有意思。他们发现，与个体的性格相比，游戏名称对竞争激烈程度的影响更大。他们让两组实验参与者玩同一种游戏，但分别告诉两组成员他们玩的游戏叫作“华尔街”和“社区游戏”。结果他们发现，被告知游戏名称为“华尔街”的一组游戏参与者相比另一组更有竞争意识，更加求胜心切。

这个结果很有意思，它表明像游戏名称这样看似微不足道的小事，其影响力竟然可以胜过游戏参与者本人的个性。因此，我们可以合理地下结论：在为团队及团队内部的小组取名时，我们应该认真地考虑。比如，把团队内部的两个小组分别命名为“正义小分队”和“胜利小分队”，可能就不如把它们分别命名为“共识促成者”和“灵活思想家”这样能促进他们相互合作。

要点提示

以上列出的一些策略，能帮助你维持团队成员的和谐一致，促成团队的团结与合作。但在你这样做的过程中，你也许会发现有那么一两个人，他们的个性似乎与其他成员有很大的冲突。为了搞定他们，你可以借鉴以下三条重要的法则，进一步促成团结、合作，维持团队的和谐气氛。

- 让不和的双方坐在彼此的身旁，而不是彼此相对而坐。当我们坐在别人对面时，我们会很容易产生一种对抗的心理，视坐在我们对面的人为敌对方，而随着这种对抗心理的加剧，我们原本的立场会变得更加坚定。与此相反，并肩而坐更容易促成一种团结、合作的氛围。
- 多接触、多接近。让成员们接近对方，彼此间保持密切接触。从本书中提到的众多研究可以看出，行为上的亲近能增加心理上的好感。你需要注意不要让所有人都处于彼此竞争的状态，而是保持一定程度的亲近，如此你就掌握了促成最大限度合作的关键要素。

- 身体接触。永远不要低估身体接触的力量。如有可能，试着创造一个成员之间可以彼此握手、相互接触的情境。身体接触能大大增强亲密感。我们通常会觉得，那些和我们有过身体接触的人与我们更加亲近。

策略回顾

- 已有很多研究表明，当一个团队受到外部力量的威胁时，其内部成员间的分歧就会迅速化解。
- 确保你的团队成员们将自己的团队看作一个具有合作精神，而非彼此激烈竞争的团队。仔细考虑应该给你的团队、联盟取一个什么样的名字，因为团队名称本身也会大大影响团队的合作程度。

第 4 章

在竞争中取胜：击败工作、感情或竞赛中的竞争对手

有一个小故事很有意思：两名男子去丛林中露营，突然，他们发现了一头凶猛的狮子。其中一名男子立即蹲了下来，从他的背包中拿出一双跑鞋，换下了自己的徒步鞋。“你这是干什么？”他的朋友对此感到很惊讶，“你永远不可能跑赢一头狮子。”闻言，对方平静地回答道：“我没想过要跑赢狮子，我只要能跑赢你就行了。”

即便和你交往的都是一些善良、诚实、正直的人，有时你也不得不和对方正面交锋。下面几节介绍的心理策略将向你展示，如何确保你在任何较量——无论是斗智还是斗勇——中取胜，成为赢家。

22

在竞争中取胜的秘籍

打败他人的策略

无论是斗智还是斗勇，我们该用的策略其实都差不多。这是因为，所有的较量和战斗在最开始都是心理战。在这心理的比拼中，你是赢还是输，决定了现实中这场较量的最终结果。无论是一场网球赛还是一次拼词比赛，抑或是两个男人试图争夺一位女子的芳心，竞争就是竞争。攻击对手的精神世界，扰乱他的心智，这样，他就会不战而败，举手投降。

你不一定非得成为最优秀的或是最聪明的一方才能取胜，你只需要做正确的事情就可以了。无论是体能较量还是心理大战，能够屡屡获胜的人，一定是在思想上做好了充分准备，并巧妙运用了各种心理策略的人。在以下所列的策略中，具体需要采用几种策略应根据具体的情势而定，而综合运用多种策略能让你取得压倒性优势。

这些能助你克敌制胜的策略，主要分为两大类。

个人方面：成为完美心理斗士的秘诀

（1）“锚”定成功

“锚”常常用于催眠术中，用于在彼此无关的事件或感觉之间建立起一种联系。我们不妨来回顾一下这个知识：所谓“锚”就是指将一系列特定的感受或情绪状态与某些独一无二的刺激物，比如一张图片、一段声音、一个名字、一种味道，联系在一起的关联物。在现实生活中，我们已经见过不少有关条件反射的例子。比如，闻到伏特加的味道你会觉得恶心，是因为几年前你曾有过与喝伏特加有关的不快经历；或者，当收音机响起某首歌曲的旋律时，你可能会想起一个被你遗忘多年的老朋友。这些都是“锚”。就像舞台上的催眠师打个响指就能让人入睡，你也可以成功地“锚定”某一特定的行为。

你可以借助“锚定”的力量提升你自己的表现。就以网球比赛为例，在你每次打出一个好球后，试着对你自己重复一个短句，或伸出手做一个简短的手势。这个短句或手势就是通向你打出好球这个行动的“锚”。在此之后，如果你希望给出同样的巅峰表现，只需对自己重复一下那个短句或者再次做出那个手势，就能让你的大脑立即回放之前你表现最佳的那一帧。这是一种非常强大的工具，如果使用得当，你能让自己随时随地地进入体力或脑力的巅峰状态，随心所欲地给出最佳表现。无论你在何时达到巅峰状态或发挥出了自己的最佳水平，都要记得将你的这种状态锚定下来，然后在你下次想要发挥出同样的水平时，你就能借助锚让自己进入最佳状态。

（2）专注

你关注的是什么，你就会朝着这个方向前进，这是人类不可否认的天性。永远不要出于恐惧而采取行动。记住，所有的重要战斗在最开始都是在大脑中进行的，无一例外。如果你认为自己还没有在心理上做好准备，还没有达到自己的最佳状态，并且这项行动可以推迟，那么你就不要贸然采取行动。

（3）理想状态

最理想的心理状态是“忘我”的状态。唯有一心专注于目标，心无旁骛，你才有可能进入这种状态。在这种状态下，你不再时刻担心自己会遇到什么情况，此外，你也不会在事后进行无谓的自责。如果你全神贯注于你的目标，“我”或“自我”就会消失，由此，你就能一心一意地追求你的目标了。只关注结果就好，别太关注你自己。

（4）心理预演

当你处于理想状态时，你会以怎样的状态做出怎样的行动？试着去想象、感受这种状态下的自己。研究表明，在提高人的表现方面，心理预演和真实的练习一样有效。试着在心中模拟你希望自己给出的最佳表现。你看上去怎样、听上去怎样？别人的反应如何？他们怎么看待你？试着想象出一幅完整的画面：你希望现实以什么样的方式展开，就去尽情发挥你的想象力让整件事从头到尾在你的大脑中预演一遍。在用双眼见证自己在现实世界中的成功之前，你必须先在你的头脑中想象出成功的画面。

（5）永远有备用计划

考虑备用计划不仅能让你形成更好的全局观，还能提高你行动的成功率。但这种做法有一个弊端：你可能会因为有备用计划的存在而太快放弃原来的计划，早早接受失败的命运。对此，你应该给自己设立一个限制：只有在你的原定计划根本无法执行时，你才可以开始启用备用计划。在军队中，如果任何一次军事袭击出了问题，你会发现部队总有一个应急计划，让他们能够继续将行动向前推进。记住，如果你做好了充足准备，那么无论发生什么，你都能继续前行。

竞争方面：运用心理学原理获得优势的诀窍

（1）把握主场优势

一条鲨鱼和一头狮子大战了一场，谁会是最终赢家？这显然取决于它们在哪里较量。因此，在条件允许的范围内，请务必把握主场优势。在你熟悉的环境中，你会感到更加自在，而你的对手会觉得不舒服。可能的话，事先花点儿时间去你们即将“交战”的地方踩踩点，这样做也能让你在真正的战斗开始时感觉更自在。

（2）“社会助长”效应

“社会助长”效应是指当有其他人在场旁观，并且他人会评估我们的表现时，我们的个人表现会受到影响。研究表明，在我们完成简单任务时，他人在场围观能提高我们的表现水平；但在我们完成复杂任务时，他人的关注反而会降低我们的表现水平。这些研究还进一步证明：如果你精通某事，无论这件事是否复杂，周围有旁人在场都有利于你充分发挥自己的水平。但是，当你缺乏信心或技艺不够娴熟时，那么其他人的围观只会让你的表现比平时更糟糕。因此，当你需要和比你技艺更高超的对手较量时，你应该尽量选择没有旁人在场围观的时机进行较量。相对的，如果你确定你比对方能力更强，那你就大可选择有旁人围观的场合与对方展开较量，因为这能让你发挥超常，同时让你的对手发挥失常。

（3）不按常理出牌

孙武，作为人类历史上最伟大的军事家和战略家之一，有许多关于如何在竞争中占据优势的精辟论述，其中一个策略就是：出其不意，攻其不备。还有一个策略是：兵不厌诈，出奇制胜。这是两个迷惑对手的有效手段。如果你不按常理出牌，那你就很可能会让你的对手陷入心理失衡的状态。在你需要攻克某位特别强劲的敌人时，这不失为一大高招。一旦对方的注意力被分散了，他就无法找到聚焦点，因此也就防不胜防了。此外还有其他几种有效手段：先发制人可以让你拥有更多的选择；进攻时应该一鼓作气，而防守时应该以静制动；一旦开始进攻，你就不能松懈倦怠；要想方设法从精神上击垮你的敌人；持续不断的攻击会让对方心力交瘁，彻底地败下阵来。

策略回顾

- 如有可能，你应尽可能取得主场优势。

- 如果你觉得自己比对手更强，请别人来观战对你更有利。如果你没有那么自信，那么尽量选择在没有观众的场合中与对方较量。
- 为了提升你的表现水平，你需要“锚”定成功或某次最佳表现，以便让自己能随时随地进入理想状态。
- 永远不要出于恐惧而采取行动。专注于目标，而非你自己。
- 进行心理预演，在脑海中想象自己达到目标时的行为表现，以及你期望达到的效果。
- 永远准备好备用计划。如果原先的战略战术未能奏效，确保你能顺利改用新的计划。
- 出其不意，攻其不备，不按常理出牌，让对方陷入心理失衡的状态。

23

大多数人在人生中所犯的最大错误

这也是赌徒会犯的最大错误

赌博之道和生活之道颇有几分相似。这是因为，人生实际上就是一连串的抉择与赌博。而我们决定冒什么险，冒险会给我们带来什么样的后果，往往决定了我们将拥有什么样的人生。很多人都会在人生中不断地犯同一个错误。为了向大家展示得更清楚一些，我们不妨就以赌博为例对此加以说明。

像“二十一点”“百家乐”这类纸牌游戏，赌场赢的概率也就比赌客多了 2 个百分点；而有些游戏，根据赌徒水平的高低，最多能给赌场带来高达 20 个百分点甚至更高的利润。那么，为什么几乎每天赌场中都有 80% 的人在输钱呢？

股票市场无外乎两种走势：涨或跌。按照常理，股民赚钱和赔本的概率都是 50%。但事实上，在每天玩股票的股民中，90% 的人最后都会以赔本收场，这又是为什么呢？按道理来说，是买是抛都是他们自己决定的，并没有受到外力的干涉。其实，这并不是因为他们运气差，问题出在他们采用的策略上。

赌徒 A：越玩越大、企图翻本

以下是赌徒 A 的典型表现：此人下注 10 美元，结果输了；又下注 10 美元，还是输了。现在，他下了 20 美元的注，仍然是输；30 美元，还是输。随着他越输越惨，他下的注越来越高。这名赌徒想要追回他的本金——他想一次赢回之前输掉的所有钱，而为了翻本，他下的注就会越来越大。

赌徒 B：自乱阵脚、注定是输

以下是赌徒 B 的典型表现：此人下注 10 美元，结果输了；再下注 10 美元，还是输了。几次之后，他将下注金额减少到了 5 美元。你觉得这计划不赖？错了。因为如此一来，他就再也找不到成功的感觉了。如果哪一次他有幸赢了 5 美元，那么他一定会懊悔不已，后悔自己刚才没有增加赌注；而如果他输了，那他显然也没得到什么，而且，他说不定还会庆幸自己输了——幸亏自己降低了赌注，所以才只输了 5 美元，否则岂不是输得更多。赌输了这个事实反而证明了他降低赌注的选择是对的。

那么，在赌徒赢钱的时候，会发生什么呢？悬挂在赌场大厅中的华美吊灯可能值好几百万美元，这可不是用政府的补助资金买的，而是赌徒亲手奉献的，因为他们不懂得见好就收。赌徒赌得越久，对赌场就越有利，因为只有在输个精光时赌徒才会罢休。但是在赌徒赢钱的时候，他们什么时候才会停下来呢？他们往往不会收手，因为他们没有理由这样做。他们会继续赌钱，直到开始走霉运输钱，最终不得不收手。

那么，如果输钱时增加赌注不是办法，减少赌注也不是办法，你究竟应该怎么做呢？研究表明，当你输钱时，你该做的是所有赌徒都不想做的事——马上停下来；而当你赢钱，或者说赢了又赢的时候，一点点地提高赌注也许是一个不错的策略。

还有一个值得注意的有趣事实是，在赌博时，所有失败的策略几乎都是出于恐惧而做出的。当你出于恐惧而行动时，你做出的决定就不是符合逻辑的，而是情绪化的，这就注定了你会一败涂地。永远不要出于恐惧而去做任何事。如果你一心想赢，那么你一定会输。你必须专注于赌局本身，而不是只想着结果。如果你在赌博时全心祈求赢钱，那么你就会害怕赌输，而最好的心态其实是纯粹的超然物外——唯有在这种状态下，你才能做到绝对的客观，不带丝毫的情绪。如果你用金钱做赌注却根本输不起，那么你在做决定时就无法摆脱情绪的干扰。

你还记得自己专心致志、心无旁骛时的样子吗？你也许还记得，在那样的时刻，你完全不懂得恐惧为何物；你只顾着做自己的事，甚至意识不到自己的存在。在赌场中，乃至在生活中，只有这种状态能让你成为最终赢家！正如俗语所云——不在乎的人才会赢！如果你害怕失败，那不妨等到你更有信心的时候再行动。如果你对某件事感觉并不确定，那就不要盲目出手——否则你一定会输。正如我们看到的那样，我们在赌博时采用的策略，和我们在现实世界中处理问题时采取的策略是大同小异的。因此，摆脱情绪的影响，改变你的策略，你才能让自己交上好运，成为无往不胜的赢家。

策略回顾

- 当你一帆风顺，连连得胜的时候，适当增加一些“赌注”、多冒一些风险，这种做法其实更合理。在你如日中天的时候，你拥有收手的主动权。不要让自己陷入被迫仓皇收兵了事的境地。相反的，当局势对你不利时，你应该赶紧停下来，重新部署一切。
- 永远不要出于恐惧去做任何事，能避则避。恐惧会让你陷入思维混乱，促使你聚焦于负面的结果。如果你觉得自己一定要赢，那么你就一定会输。因为在这种心态之下，你会过于关注得失，无法保持冷静和客观。先让自己进入超然物外、全神贯注的状态，然后再采取行动。

第 5 章

让你的人生更轻松：学会如何快速处理人生中最烦人、最沮丧、最棘手的局面，且每次都占据上风

如何应对人生中最艰难、最棘手的局面？本章囊括了用于解决此类问题的最佳心理学策略。如果你希望让生活简单一些、让事情好办一些，那么这些策略对你来说就是无价之宝。人生中难免遭遇各种波折起伏，遇到各种不确定因素，学着运用这些策略，让事事顺遂、如你所愿。

24

让别人立刻回电

为了让对方快速回复自己，人们经常采用的策略有好几种，其中效果最差，却最常被使用的策略是，给对方留言说："我有重要的事情要告诉你。"这句话听上去就像是在说："你最好给我回电"或"这件事很紧急"。实际上，这样的留言只会让对方心烦，并让对方产生不必要的担忧。当然，到底该留下什么样的信息才最合适取决于具体的情况，但下面这些说法在大多数时候都能有效促使别人给你回电。原因在于，这些话语勾起了对方的好奇心，而好奇心是人类的原始天性之一。

· 我发现了一件事情，还好不算晚！等你回电时我就告诉你。

· 我太为你感到高兴了。给我回电吧，我们好好聊聊。

· 我欠你的太多了，等你回电时让我和你慢慢说。

· 你才是对的。等你回电时，我们再详谈。

· 我知道你一定会喜欢上这个主意的！等会你回电时，我再告诉你是怎么一回事。

但还有什么样的信息能让对方以更快的速度给你回电呢？如果你对着电话或给对方的秘书留下了下面这句话，那么你只需坐等电话铃声响起即可。

“我感谢你做的一切……请你给我回电，我想亲自谢谢你。”

这就是这条信息的全部。对方知道，这样的留言说明，不存在任何问题——没有让他头疼的麻烦事，也没有什么需要解释的事。你既勾起了对方的好奇心，又让对方因为这条信息而感到愉悦。这条信息还表明，你感谢他做的事（无论这件事具体是什么），你是一个知道感恩的良善之人，而且这个主动表示感谢的举动会让对方感觉很棒。最重要的是，这样的信息会让对方感到多少有些不明所以。不管一条消息有多么激动人心，如果你把事情说得太明白了，那么对方总会权衡一下你说的事情是否真有那么重要，值得让他马上回电。然而，如果对方得到的信息不够充分，无法判断你说的事情是否重要，那么他就无法得出他没必要给你回电这个结论。你是否也曾在电话答录机中的一大堆普通留言里，突然听到一条含含糊糊、语焉不详的留言？如果你有过这样的经历，那么你也许会想起来，你最先回复的正是那条貌似不着边际的留言，因为你想弄明白对方说的究竟是怎么一回事——也许这件事很重要。反过来，如果对方能完全理解你留下的信息，那么他就能自主对信息的重要性做出判断，而你一定不希望他这样做。

我们想要弄清未知的一切。正因为如此，在听到呼叫等待的提示音后，很多人都会匆匆挂断和好朋友的愉快通话，接听那个未知的电话。这是为什么呢？因为他们不知道打电话的人是谁、所为何事，而且说不定那件事还很重要。未知的一切一直在召唤着我们。如果你希望对方回电，你当然要先报出自己的名字，至于接下来的内容，你就不需要说得太清楚明白了。如果在你留言时考虑到了所有这些因素，那么对方一定会及时给你回电。

要点提示

如果你要打电话给一家公司，不妨先问问这家公司的接线员，他们公司用的便贴本是粉色的还是白色的。（几乎所有公司用的便贴本都是这两种颜色中的一种。）在对方回答你后，你就可以说："好的，现在能不能请你帮我一个忙，请帮我在留下的信息旁边画一个笑脸？"你可能会惊讶地发现，不少人都会欣然应允你的请求。而随后，当你留言的对象翻阅这些留言时，那条附有笑脸的留言就会格外吸引他的注意。

策略回顾

- 在留言中以某种方式表达出你的感谢之情，但不要把具体的理由说得太清楚。人类具有一种天生的好奇心，如果你的留言语焉不详，对方就会想要弄清楚你说的究竟是什么事，而你希望与对方建立联系的目的也就能够顺利达成了。

25

让别人原谅你做的一切

你把事情搞砸了，你深感内疚。你发誓你再也不会重蹈覆辙，犯了同样的错误了。如果这样你就能把事情搞定，那真是太棒了。然而我们都知道，有时候一句“对不起”并不能把事情摆平。让我们来看看，使用什么样的心理策略，能助你快速取得别人的原谅。

你对配偶不忠，希望取得对方的原谅，与你被一场交通事故耽搁了时间，没能准时出席会议，因而希望取得老板的原谅，在这两种情况下，你需要用到的心理策略是不一样的。（类似的，你所需要使用的心理策略也会根据让你惹上麻烦的是你的行为还是你的言语而有所不同。在本章中，我们会先讨论行为不当该如何补救，然后再讨论说错了话应当如何补救。）如果你原本出于好意，却因为受到了外在因素的干扰而办坏了事，那么不妨试着使用下面的策略。

韦纳等人的研究表明，如果你给出的理由涉及超出你控制力之外的因素，这就比只提到一些你能控制的因素作为请求对方原谅的理由更能让对方接受。举个例子，如果你只是说“你觉得自己应付不来”或者“你完全忘了”，你就很可能会让对方窜起一股无名怒火，让对方对你产生不必要的反感。然而，如果你说的是“高速公路上发生了六车追尾事故”或“车胎爆了”，你就更容易得到对方的原谅。这是因为，没人会喜欢那种被别人利用的感觉，也没人喜欢做错了事却仍然满不在乎的家伙。因此，通过将失误归咎于外在因素，你就消除了让对方感到愤怒和不被重视的态度。

所以，如果你犯下过错是因为受到了超出你控制范围的外部力量的影响，那么你就应该让对方知道这一点。还有一点需要注意，你还需要让对方知道，对于这种可能发生的情况，你已经预先有所筹划、有所准备了，但计划赶不上变化，因此你的预先防范没能起作用。比如，如果是交通事故导致你开会迟到，那么你就该考虑到你的老板也许会这么想：“你明明知道这个会议对我们很重要，既然如此，你为什么不能提前出发，多留出一些时间呢？”对此，你要学会先发制人，在解释情况时补充说明：事实上你已经预见了这样的可能性（在本例中就是交通拥堵），然而，尽管你已做了合理的准备，但事态比你预计的严重得多。

此外，还有一点你需要谨记于心：道歉必须真实诚恳、具体明确。夏皮罗等人的研究表明，具体说明相关情况要比空洞的泛泛而谈更能有效地平息对方的怒火。细节才是最重要的。

借助以上这些策略，你应该可以取得对方的原谅了，如果这样还不够，那么你可以继续使用下面的策略。以下这些策略是为更严重的情况准备的，这些情况涉及欠缺考虑、破坏信任关系，并且事态并没有超出你的控制范围。

在此类情况下，你有可能犯了什么错，让对方觉得自己受到了某种冒犯，遭到了某种背叛。你可能让对方感觉到你不够尊重他、不够关心他，或者压根就不想关心他，诸如此类。因此，在这种情况下，简单地说一声“对不起”并不能扭转局面，因为你并没有还她尊严。你之前的所作所为夺走了她的某些权力。如果你想让她好受一些，那么你得让她的心理状态恢复到之前的水平。

以下列出的四步法能助你一臂之力，让你快速获得对方的完全谅解。

阶段 1: 承担责任、主动道歉、态度诚恳

和之前的情况不同，在这种情况下，你得为你的所作所为负起全部责任。不要试图推卸责任、寻找借口，那样做只会雪上加霜。从某种程度上说，对方可能也希望你能归咎于旁人，但这于事无补。因为，如果你把责任推卸给别人或别的事物，那么就只有那件事、那个人才能挽回对方被剥夺的尊严。换句话说，只有你本人负担起这个责任，你才有能力去平息事态。再强调一下，你必须让对方重新找回自尊、取得内心的平衡。你应该让对方知道，你并不是在利用对方，并没有占对方的便宜，你也考虑到他的感受了。

随后，为你的行为道歉。有些时候，我们会忘记真正说出那句“对不起”。尽管光说对不起往往是不够的，但唯有说了对不起，你才有可能得到对方的原谅。因此，在你的整体策略中，这点非常关键。

有时，说出那句对不起并不容易，但再难还是要开口，因为得到对方的宽恕显然更加重要，不是吗？

最后，一定要给对方留下态度诚恳的印象。任何并非出自真心实意的道歉，都不会有人相信。如果对方不相信你，那么他一定不会原谅你。如果你的道歉并不是发自你的内心，那么你很可能会再犯同样的错误，并给对方带来更多的痛苦和伤害。所以，如果你不是真心道歉，那你也就不必说对不起了。如果对于你所做的事情，你并非真心感到抱歉，并为此懊悔不已，那么也许你更应该重新判断一下你们的关系或者重新评估一下当时的情况。

阶段 2：表现悔意、接受惩罚

这一阶段中很重要的一步就是，让对方知道你之前的行为所带来的任何后果，你都愿意去面对、去接受。没有丝毫悔改之意的道歉，就像一辆没有燃料的跑车一样中看不中用。表现出自己的悔改之意，等于将对方失去的一样东西重新还给了他，这样东西就是权力。

如果你主动把你自己的命运交到对方的手中，那么他给你的惩罚可能就会很轻，甚至干脆选择放弃惩罚。但你要记住，此时此刻，你的命运（或者至少是决定你们两人关系走向的权力）是掌握在对方手中的。把决定你命运的权力交给他——告诉他这是他的权力，这点极为重要。因为是你做错了事，而对方需要为自己讨回公道。他想要行使自己的权力，并得到应有的尊重。因此，将你从他那里夺走的东西还给他，你就能得到他的宽恕。比如，你可以这样做开场白：“我知道我做错了事，你完全有权生我的气。我愿意为我的行为承担一切后果。”

要点提示

研究表明，即便是在法院庭审这样严肃的场景中，是否表现出悔意也会影响到最终的判决，如果你没有表现出丝毫悔意，那么你很可能会被处以更重的惩罚。你必须开口认错，让对方恢复原本的平衡状态，否则你就会受到惩罚，因为此时惩罚已经成为拨乱反正的手段。只有我们的心理得到了平衡，我们才能找到正义。而只有找到了正义，我们才能宽恕对方。

在某些极端的情况下，你也许有必要采取以下策略，让对方快速消除心头之恨。这里，你更进一步，主动请求对方责罚你——提出你能想到的最严厉的惩罚方式。在你这样做了之后，对方往往就不得不反过来劝你别那样惩罚自己，因为他可能会觉得，即便你犯了错，也不该受到这样严厉的惩罚。而在他如此劝说你的过程中，一种在心理学上被称为“认知失调”的效应就会开始发挥作用。（这种效应的特征表现为一种焦虑状态。当一个人产生了两种彼此矛盾的态度或观念时，他就会进入这样的焦虑状态。而为了减轻焦虑感，当事人就必须为自己的内在不一致进行自我辩护，为这种矛盾找到合理的理由。）

当他开始说服你别那样惩罚自己时，他就不得不让自己承认你的所作所为“并没有想象中那样糟糕”，因为只有这样，他才能为自己复杂的情绪找到合理的解释。换句话说，在潜意识中，他正在这样说服自己：“如果他做的事真有那么糟糕，我为何要劝说他不要重重惩罚自己呢？”

阶段 3：重复和解释

至此为止，借助上述的这些策略，你应该已经“浮出了水面”，成功脱离了险境，但如果你还想安全地抵达陆地，那么你还要继续应用以下的策略，再加把劲儿。

你应该向对方解释，导致这一事件的一系列情况以后绝对不会再次发生。你的行为给他带来如此强烈困扰的一大原因，就是你的所作所为完全出乎他的预料。也就是说，已经发生了的这件事，以后还有可能在对方没有及时注意到或没有丝毫预兆的情况下再次发生。而如果你能向他保证，这一系列情况以后再也不会重演，那么你就能在很大程度上缓解他的焦虑。将这一事件孤立出来，强调这种情况完全是一个例外，你就能将该事件对对方生活的影响降到最低。你需要让对方知道，这种情况不是她以后还需要再次应对的事情。

接下来，是时候回答“为什么”这个问题了。对方的整个世界被你搅得天翻地覆，对他来说，一切都变得不对劲了。而现在，你该给他一个合理的解释——当初你为什么要这样做？如果他不能理解是什么让你做出了那样的行为，那么他很可能就不会满意于你的解释，也不太可能会在心里放下这件事。轻描淡写地说“我不知道”，或者说“我没有考虑这么多”，显然不可能奏效。因为这种说法无法减轻他内心的恐惧——要知道，他最害怕的是你会重蹈覆辙！

这是一个严峻的挑战——很多已经走到这一步的人，都无法战胜这个挑战。你该怎样解释你的行为，才不会显得你是在刻意为自己辩护呢？后者是你最不想看到的。

事实上，解释你的所作所为的最佳方式是：将一切归因于“恐惧”。无论是在生活中还是在工作中，你所道歉的对象总是人。所有人都能理解恐惧，它是如此原始、如此纯粹。（比如，你可以说“我有点儿恐慌，因为事情当时进展得太过顺利了”，或者“我很害怕如果我没有谎称我已经做了那件事，你会开除我”，或者“我撒谎是因为，我害怕你发现真相后会恨我”。）

现在，在对方看来，你犯下的错与其说是一种背叛、一种对信任的肆意践踏，不如说更像是一个心慌意乱的家伙出于恐惧而做出的失去理性的行为。这种解释凸显了你的脆弱，并帮助对方恢复了他自己的尊严，拿回了属于自己的权力。而为了减轻你的恐惧，她扮演起了一个重要的、有建设性的角色，这一角色有助于她恢复自信，再次相信一切都处在自己的掌控之中。

记住，你的终极目标是重建一种平衡感。而综合使用这一策略和其他策略，目的就在于此。因为，将你自己的行为动机归因于恐惧，实质上是在主动贬低你的“自我”。简单地说，恐惧是你发现自己无法应对当时情境而产生的一种反应。这与自吹自擂、以自我为中心的心态形成了鲜明对比——在祈求他人原谅时，你绝对不能表现出那样的心态。

要点提示

你是否曾经注意到，在路上开车时，如果有人挡了我们的路，我们往往会产生两个反应：第一，感到恼火；第二，想看看对方长什么样。这是为什么呢？我们生气，是因为这个人不够“尊重”我们。而我们想看看对方的长相，是因为我们会据此判断，对方看上去是否像故意对我们干这种事的人。如果我们看到的是一个瘦小的老太太，我们也许就不会像看到一个年轻男子那样勃然大怒。这是因为，我们会假设，这位老太太只是在无意中超到了我们前面，并不是故意和我们过不去。换句话说，你的全部反应都是基于你的“自我”做出的，因为你觉得别人是在针对你，所以你才会大为恼火。

阶段 4：说明自己毫无收益

最后，重要的是让对方知道：你的所作所为并没有给你带来任何精神上的愉悦、物质上的好处，或者任何其他类型的收益。谁都不能让时光倒流，因此你需要告诉对方，你不仅的的确确犯了一个错误，而且这个错误也没有带来任何预期的收益。记住，让对方宽恕你的关键在于，让你们的关系——无论是私人关系还是工作关系——重新达到平衡状态。如果你的确从中得到了什么好处，那么你就需要“补偿”

更多，才能把事情摆平。永远不要轻易承认你当时的行为给你带来了任何好处（外在报酬）或满足（内在报酬）。比如，你可以说一些这样的话：“和他相处很糟糕”“偷来的钱我一点点都没有用”“其实我比原来还惨，在此之后我心里充满了愧疚”等等。

这一策略能促使对方选择宽恕你。现在，你只需要静静等待——等待时间的流逝，因为时间是你唯一无法操控的事物。在足够长的一段时间过去之后，所有一切都会恢复原样，而你的生活也将恢复过去的常态。

要点提示

以上这些策略更多涉及的是行为不当的问题，但有些时候，我们的言语也会伤人。处理这类问题很简单，我们只需要使用一种被称为“扩大化”的小诀窍就能应对了。对那些不假思索、口无遮拦、说错了话的人来说，这一小诀窍能给你节省很多精力，让你不再因此而头疼。

当面冒犯

如果你当面冒犯了对方，即便立刻说“我是开玩笑的”，你也往往无法抚平对方受伤的心灵。因此，你应该在说错话之后立即采用“扩大化”的策略，对你先前的言论进行补充。比如，在和同事争辩时，你可能一时心急对对方说了一句："你真没用！"（糟糕！）这种情况下，在你脱口而出这句话后，你需要立即进行补救："……和这家该死的公司里的其他人一样没用。"在很大程度上，我们会受到冒犯，是因为我们认为对方的行为或言论是特意针对我们的。而这句补充的言论大大消减了前面那句话的针对性和冲击力。这样一来，对方就会把你刚才的话当成某种泛泛而论的想法，因而这句话对个人的冲击力也就被消解了。在听到你的补充后，对方不会再轻易觉得自己受到了伤害，或者认为是自己身上出现了什么问题，他更可能认为你需要去度个假了。

经由第三方传话

如果你的言语经由第三方传话而被曲解了，或在无意中冒犯了谁，那么你同样可以将你的言论"扩大化"，将打击面扩大一点儿。比如，你可以这样说："不，我没说是你让我气得发疯，我说的是所有人都把我气得发疯。"由于对方是从第三方那里听到你的言论的，本来就对言论的真实性抱有一定程度的怀疑，因此你做出这样的补充通常就能撇清自己了。

策略回顾

- 如果你在做出的解释中提到了某种超出你控制范围的影

响因素，那么这通常要比你只提到你能控制的因素更容易获取他人的谅解。

- 如果当时的情形并没有超出你的控制范围，也就是说，错误完全是由你自己的行为造成的，那么请务必为自己的所作所为承担全部责任。
- 道歉时应该做到真诚恳切、明确具体。
- 让对方知道，你已准备好面对并接受自己的行为所导致的一切后果，而且你的命运现在掌握在对方手中。你必须帮助对方重新找回权力感。
- 向对方说明让你做出此番行为的一系列情况，未来再也不会重演。
- 如果恐惧是你当时的行动动机之一，那么一定要向对方表示恐惧是如何驱使你做出了那样的行为。
- 向对方说明你的行为并没有带来任何预期的收益或好处。

26

宣布坏消息的最佳方式
如何让别人尽可能平静地接受坏消息

有时，生活会给我们沉重的打击。当你不得不宣布一个坏消息时，本节介绍的策略会让你受益匪浅。你将发现，无论在何种情境下，只需改变一下你传达坏消息的方式，你就能让对方的反应发生戏剧性的改变。

语言的使用对于我们如何理解、感受我们听到的话具有强大的影响力。优秀的销售人员深谙这个道理。因此，他们不会直接对你说“签了这份合同”，而会建议你“批准这份文件”。即便两种说法需要你做的事一模一样，但听到对方指示你“签合同”肯定会让你感到不舒服，因为我们从小就被教育：不要随便签合同，必须让律师看过合同后才能签字。但“批准文件”就不一样了，这种说法让你感觉大可放手去做这件事，没什么可担心的。

邪教组织的头目深谙语言的强大影响力。1997 年，邪教组织“天堂之门”的 39 个成员集体自杀了。在查看信徒们在自杀前录下的录像时，人们发现，他们曾多次将自己的身体称为“容器”。毁灭一个“容器”当然要比毁灭一个人的身体容易多了。渐渐地，他们开始接受这样的观点：他们的身体只不过是一个容器，因此没有什么价值。这就是他们能够如此轻易地“处理掉容器”、选择集体自杀的原因。

要点提示

政客们也深谙语言对人的态度和行为的重大影响力。虽然“军事行动”和“战争”指的是同一件事，但人们听到前者时显然会相对舒服一些。我们更愿意听到“附带的损失”，而不愿听到“民众的财产遭到了意外损害”。如果我们知道“friendly fire”（字面意思为“友好的炮火”）的真正含义是我们的士兵误向自己人开火，我们就会心神大乱。还有，在收看早间新闻的时候，“事故”这样的字眼对我们的触动往往不是很深，但如果主播使用的词语是“死亡”——“事故”的真正含义，我们还会那么无动于衷吗？我们大多数人实际上都知道这些词语的真正含义，但是，再强调一遍，这一点并不重要。重要的是我们如何消化信息。而在这一过程中，语言的使用至关重要。

语言会改变我们对现实的感知，因为我们通过言语看世界。语言是思维的基础，而思维是情感的延伸。因此，你可以通过选择一些合适的措辞，大大降低信息接收方对某一情况的反应强度。那么，什么是合适的措辞呢？

你应该避免使用那些刺耳的言语。不要使用那些具有强烈负面色彩的词语，这样做能避免对方产生条件反射式的反应（就像“签合同”可能会引发的拒绝反应一样），而且可以让对方加工、内化信息的速度变慢。让身体承受超负荷的疼痛就会引起休克，与此类似，让心灵承受超负荷的打击，心灵也会因为受到类似的冲击而陷入麻木状态。然而，如果我们使用较为柔和的语言、一点一点地传送信息，那么这种心灵冲击的力度就会得到缓冲，而这能大大减轻坏消息带来的冲击力。俗话说，“时间是最好的治疗者”，有时，正是因为负面消息来得太突然，接收者的痛苦才被放大、加深了。而随着时间的流逝，我们会逐渐学会从更客观的视角看待事物。当一件事刚刚发生时，我们压根就没有什么视角可言，因为这件事就发生在当下，它占据了我们全部的心神。

举个例子，你刚刚发现自己 9 岁的儿子开家里的车出去兜风了，然后被警察带了回来。这件事会让你很不高兴，这完全可以理解。然而，如果你刚刚发现的是你 19 岁的儿子曾在 10 年前擅自外出开车兜风，那你会是什么感受？在这两种情况下，你都是刚刚发现了这个事实，但你的反应很可能截然不同。为什么？原因在于时间的流逝——这是可感知的。时间是一种强大的心理学武器，它能戏剧化地改变你看待事物的视角。

要点提示

语言也能改变我们对事物的记忆方式。洛夫特斯有关目击者证词的研究表明，在提问时调整措辞能在很大程度上影响人们对事件细节的记忆情况。比如，对于一次交通事故，如果你在询问目击者问题时采用的措辞是“肇事车辆‘猛撞’上另一辆车时车开得有多快”，而不是“肇事车辆‘撞’上另一辆车时车开得有多快”，那么目击者“估计”的车速就会更快一些。

我们如何处理信息也会受到我们的信念系统的影响。对某一特定的情境具有什么样的信念，决定了我们将对其做出什么样的反应。举例来说，在有些文化中，“出生”是一件值得高兴的事情，因此人们会庆祝新生命的诞生。与此同时，这些文化可能认为死亡不是一件好事，因此人们在出席葬礼时往往神情悲伤。但有些文化认为，死亡是一种光荣的转变，是值得庆祝的事件，因此参加葬礼的人都会表现得很欢乐。请注意，是我们对某一事件的信念，决定了我们会有什么样的感受，而不是事件本身。我们对所有消息——无论是好消息还是坏消息——的接收，都会受到某一特定的信念体系的影响。

一个人会为生活中的某一事件感到烦恼不安，是因为他受到以下一种或多种认知观念的影响：

（1）她觉得这样的处境是永恒不变的；

（2）她觉得这件事很重要，也就是说，在她的想象中，这件事比实际上更重要；

（3）她认为这件事会耗费大量的时间和精力，并将侵入、渗透她生活中的其他领域。

如果我们心中存在着以上的一种或多种观念，我们就会加倍地焦虑、紧张。相反，如果我们认为某个问题是暂时的、孤立的、无关紧要的，那么这个问题就不会让我们如此焦虑、担忧。通过人为地淡化这些因素，你就能立刻改变对方的态度，让对方的态度变得更加积极。当然，消息的具体类型也会影响这一策略能否发挥出最大效用。但无论如何，哪怕你只是巧妙地弱化了其中一个因素的影响，你仍然能有效缓解对方的不愉快反应。

还有一点很重要，你需谨记在心：当我们接收到的信息过于模棱两可或含糊不清时，我们往往不知道该怎么办。这时，我们常常会从别人身上寻找线索。比如说，当你在一个人满为患的电影院中看电影时，假如有人突然喊道，“着火了”，那么你会做何反应？研究告诉我们，如果其他观众都安坐在自己的座位上，那么你也很可能继续坐着不动；但如果大家都开始仓皇地奔向出口，那么你很可能也会随之逃离影院。

当我们无法确定某一事态究竟意味着什么时，我们会将目光投向周遭的世界，希望周围的一切能给我们提供一些信息，让我们能够据此确定自己应该在多大程度上感到“心烦不安”。因此，当你传达消息时，你表现得越是放松、有把握，对方的反应也就越平静。

另一个心理策略，是整体策略的一个组成部分，其原理是“对比法则”。根据对比法则，我们并不会孤立地考虑、看待某一事物，而是会将其他事物作为参照物。从本质上说，我们会进行比较和对比。（关于这一现象，在本书第一章中有更详细的阐述。）通过将当下的情况和更糟糕的情形相比，你就会找到新的看待问题的视角，你的视野也会变得更开阔。比如，你把车送到汽修店去修理，结果对方告诉你，你的车需要换新的刹车器了，而你很可能会有点儿不高兴。然而，如果对方在一开始告诉你，你可能需要换新的引擎、新的变速器、新的排气系统，但在一个小时后又告诉你，你只需要换一副新的前刹车片就行了，那么你很可能会想：“哦，我这次可真够走运的。”所以，重要的并不是信息本身，而是与信息相关的背景，以及这一信息所包含的内容和其他事物之间的关系。

我们来看一个例子，在这个例子里，我们会用到上面提到的一些策略。尽管具体策略取决于具体情境，但使用以下策略的确能大大减轻坏消息给对方带来的冲击力，从而缓解对方的痛苦。这个例子是这样的：医生发现病人得了糖尿病，他需要把这个坏消息告诉病人。让我们看看以下两位医生采取的方式有什么不同，然后判断一下，如果你是病人，你更希望从哪个医生那儿听到这个坏消息？

医生A：

先生，很抱歉，我得告诉你一个坏消息，你得了糖尿病。刚刚出来的检测报告已经确认了这件事。我不知道你是否了解糖尿病，糖尿病会威胁生命，并可能会导致一些严重的并发症，比如，你可能需要截肢，也有可能会失明。从现在开始，你生活中的一切都需要有所改变了——比如每天吃什么，该怎样锻炼身体，等等。我对此表示非常遗憾。

医生 B：

是这样的，您的身体总体上很健康，只是血糖水平出现了一些波动。这次的检测结果让我很放心，并且我很高兴你能及时来做检查，因为情况本来可能会更严重。你并不孤单，得糖尿病的人有好几百万。对了，医学上，这个病的名字是糖尿病。而且好消息是，这个病是完全可以控制的。如果调理得当，你甚至可能完全感受不到它的存在。事实上，我发现你得这个病已经有一段时间了。如果你在接下来的时间里能控制饮食、积极锻炼，那么你的精神和体质会比现在好得多。

正如你所见，这两位医生传达的信息大致是相同的。但医生 B 是将这条信息一点点说出来的，这种做法能让病人慢慢接受并消化这个消息，从而大大减轻了这个坏消息的冲击力。他所使用的语言更加缓和，而且成功引导病人关注到了积极的方面，比如通过进行调整，病人的整体健康状况将有所改善。总的来说，医生 B 这一番话的基调是积极乐观的，因为他使用了“很高兴、很放心”这样一些词语，而并没有使用“我很遗憾、很抱歉”之类的表达。当然，在这之后，他还需要告诉病人关于这一疾病的其他细节，但这些都可以慢慢来。在病人慢慢接受了这个消息之后，他就能接受更多相关的信息，而不会感到特别震惊、沮丧了。

策略回顾

- 避免使用刺耳、消极或侮辱性的词语。语言是思维的基础，而思维是情感的延伸。因此，如果选用了合适的措辞，你就能大大缓和对方的反应。
- 如果条件允许，尽可能将该事件描述成暂时的、孤立的、无关紧要的。
- 运用对比法则，向对方说明对方的处境本可能比现在的情形更糟糕。

27

快速让人还债且无须多费唇舌

很多人都有过这样的经历：你把什么东西借给了别人，比如钱、一把链锯或者别的什么东西，但等你想开口把东西要回来时，你却开始觉得不好意思。当然，你本来不应该承担张口索回的责任。对方应该不等你开口就先主动把东西还给你。但如果他不够自觉，那么以下就是一些可以让你快速、轻松地要回东西的好办法。（顺便说一下，如果别人问你借这个、借那个，而你不懂得该如何拒绝，你可以翻阅下一节“不伤人、无负罪感地拒绝别人”。）

这个方法的第一步，就是直接开口把东西要回来。有时，直截了当的方式是最奏效的。在你开口时，别忘了找一个合适的理由，告诉对方为何你现在必须得把东西要回来。比如，你可以这样说：“山姆，我上周借给你的250美元我必须得要回来了，因为我得用这笔钱付账单，明天就是最后的支付期限。”看，多么简单、直接、一语中的！如果我们生活在一个完美的世界中，说出这句话就足够了，但我们生活的世界并没有那么完美，所以这样说往往还不能解决问题。

如果这招不管用，那么你就得再多用一些手段了。既然你想要的东西在别人手上，你就必须加一点码，试着去触及他的自我和自尊心。具体来说，有好几种方式可以助你达到目的。你可以依次采用以下策略，直到成功为止。你会看到，如果你在说服过程中遇到了阻力，这些招数可以说是一招比一招更厉害。

（1）告诉对方，你知道他是一个做事靠谱的人。事实上，这正是你最敬重他的一点。你的这番论述会将他的自我价值和信念系统纳入平衡式之中（在前面的章节中，我们详细阐述过这个机制）。现在，如果对方不把他找你借的东西还给你，他就不得不面对这些风险：他必须重新评估自我概念，而且还要重新审视自己。你可以这样说："我一直很欣赏你的一个原因是，你做事很靠谱、很公正。"然后，在对他说出这番话后的几个小时内直接让他归还你的东西，这时，他就会受到潜意识的驱使，做"靠谱、公正"的事。

（2）使用这一策略时，你需要触及对方的尊严感。告诉对方有几个你们二人都认识的人（比如通勤路上的熟人 / 街坊邻居 / 一起做过美容的朋友——不必指名道姓）告诉你，你借给他的钱"永远都别想要回来了"。你不妨这样说："我可不想被他们说中了，那样会让我们两个人看起来很傻。"这种说辞会让对方觉得好像所有人都在议论他，这样一来，他就会急着挽回面子，换句话说，他会把他欠你的东西尽快还给你。

（3）如果上面这一招还不管用，那么你只能使出更厉害的招数了。你可以告诉对方，实在不行的话，你只能把这件事告诉别人，以免他们和你一样在他那里遭受损失。大多数人都会竭力维护自己的公众形象，为此他们几乎愿意做任何事，更别说是像欠债还钱这样简单、容易的小事了。

策略回顾

- 直接索要，在开口时加上一个理由，说明自己为何现在必须得把东西要回来。
- 告诉对方，你认为他一直是个做事靠谱的人。
- 试着去触及对方的尊严感。告诉对方，有好几个你们二人都认识的人告诉你，你借给他的东西可能永远都要不回来了。
- 告诉对方，你现在不得不把这件事告诉别人，以免他们和你一样在他那里遭受损失。
- 别忘了，人们喜欢谁，就会帮谁的忙。没错，有些人认为，把他们欠你的东西还给你，就是在帮你的忙。如果上面这些策略都没能奏效，不妨参阅本书第一节“让大家都喜欢你……每时每刻”中提到的策略，让这些策略帮助你顺利达到目的。

28

不伤人、无负罪感地拒绝别人

“不”是一个完整的句子，所以尽管大声说出来吧。但是，如果你觉得说“不”会给你惹来一场争执，那不妨试着运用下文介绍的策略。这些有效的心理工具将给你省去很多的麻烦和不快。

有一条说服他人的法则被称为“互惠法则”，其要义是：如果某人曾经帮过我们，我们往往会觉得自己有必要投桃报李、报答对方。在前面的章节中，我们提到过这一法则，但介绍得比较简单。宗教团体的人员会在机场向人们赠送鲜花或其他礼物，也是基于这个法则。因为他们知道，大多数人会觉得自己必须给他们捐点儿钱作为回报才不会觉得亏欠。所有人都知道自己并不是非捐钱不可，但不捐就会让我们感到不自在，尽管在最开始也并不是我们主动索要礼物的。如果别人给了我们些什么（比如时间、信息、礼物等），我们往往就会觉得自己好像欠了他们什么似的。当一家商店的营业员在你身上“花了很多时间”之后，大多数人很难不从这家店中买点儿什么，这也是出于同样的原因。能以某种方式回报别人——在上面的例子中就是买点儿东西，会让我们感觉好很多。大多数销售人员深知：如果他们肯在你身上多投入一些时间，向你展示产品、演示产品的工作原理，你就会逐渐产生自己有义务购买这个产品的感觉，哪怕你并不确定自己是否真的需要它。

这一互惠法则还能反过来用，具体是这样的：在你拒绝了别人的请求后，马上请求对方帮你一个忙。由于对方很可能不愿或不会帮你这个忙，那么只要他拒绝了你的请求，你立刻就不欠他的人情了。这就像购买一件衬衫可以抵消营业员投资在你身上的时间，从而达到一种平衡一样，这种相互拒绝也在某种程度上让平衡局面得以恢复。你拒绝了对方，对方也拒绝了你，神奇的是，这样一来，对方就不会再继续介意你的拒绝了。

我们来举个例子。一个朋友打电话给你，问你能否把车借给他用。你可以这样回答："哦，不行，我不能帮你的忙，因为我自己要用车。但我很高兴你打电话来，下周我得离开这座城市几天，到时候你能不能帮我遛遛狗啊?"现在轮到他向你说抱歉了，并且他还得找个理由，说明一下为何这个忙他帮不了。对于那些想让你产生内疚感的人，这一招也特别管用。在刚刚拒绝了你一个请求之后，他们很难再和你争辩什么。这会让他们觉得非常尴尬，通常也就不好意思硬让你帮忙了。注意：要确保你让他帮的忙是他帮不了的。你可以提出让他帮你做一件特别困难的事，以免万一他真的答应了你的要求，你也不得不去帮他的忙。

此外，关于这个小诀窍，这里还有一个很有意思的补充。你注意到了吗，在前面这个例子中，我们用了"因为"这个词。这个词并不是白白出现在这里的。兰格等人的研究发现，“因为”这个词具有不容小觑的影响力。

在这项研究中，研究人员装作学生进入打印室请求插队使用复印机。一开始，兰格的同事采用的是这样的措辞：“对不起，我可以用一下复印机吗?”在此情况下，约有半数以上的人同意了他的请求。然而有趣的是，兰格发现，如果他们在提要求时更换一下措辞：“对不起，我可以用一下复印机吗？因为我有东西要复印。”那么几乎所有人都会同意他插队。实际上，这个理由毫无意义。使用复印机当然是为了复印。那么为什么使用“因为”这个词会产生这么神奇的效果呢？原因在于，“因为”这个词会触发人们潜意识中的接受心理——在“因为”这个词后面一定跟着什么合理的理由。因此，无论我们听到的理由是什么，我们都会产生条件反射式的反应，对其予以全盘接受。无论这个理由说不说得通，我们都会假设它是合理的，因此我们也不会费心去对对方给出的理由多加思索。

所以，当你想说不的时候，就直接说出来吧，用上“因为”这个词，然后再请对方帮你一个忙。如此一来，你与对方的谈话就能愉快地结束了，而你也不会感到过意不去。

要点提示

如果你不确定自己能否帮上忙，那么不要向对方说你“不太确定”，或者你“得想想”。最聪明的做法是：在对方开口求助之后，立即一口答应：“行！”如果最后你帮上了忙，那么皆大欢喜。而如果你没能帮上忙，对方至少也知道你真的为他努力过，因为你在最开始答应得那么爽快、干脆。这样一来，即便你没能帮忙帮到底，这也不是因为你不愿意帮忙，而是因为你真的帮不上忙。所以在对方开口时，你就需要想好这一切。如果对方请你帮忙，马上一口应承下来，表示“没问题”，这样就算最后你帮不上忙，你的说法也不会让你显得像是在找借口搪塞对方。

策略回顾

- 在拒绝对方的请求后，立刻开口请求对方帮你一个忙。注意，要让对方帮一个他帮不了的忙，这样一来，你就能在他拒绝你的同时迅速摆脱亏欠对方的感觉。
- 在拒绝对方的请求和请求对方帮你一个忙之间，最好在你给出的理由中加上“因为”这个词。“因为”能触发人们潜意识中的接受心理——在“因为”后面一定跟着什么合理的理由。

29

让一个粗鲁讨厌的人成为你最好的朋友

立刻赢得他人的心

如果有人以粗鲁或残忍的态度对待你，那么原因不外乎以下四点：第一，对方认为你讨厌他；第二，他觉得你威胁到了他；第三，他对谁都很残忍；第四，你给了他一个讨厌你的理由。如果对方嫌恶你，是第四个原因造成的，那么请参阅第 25 节中提到的策略，争取取得别人的宽恕和原谅。如果问题出在前面三点，那么请仔细阅读本节内容，借助一种极其有效的心理策略，你将成功改变他人对你的态度。

首先，你需要确保问题不是出在你自己身上。这句话的意思是，已有研究表明，一个具有积极正面的自我形象的人，往往更倾向于认为别人会和善地对待他们；反过来，那些自我形象不佳的人，往往会认为别人就是不喜欢他们。（由于他们并不喜欢自己，他们会认为其他人也会出于同样的一些原因而不喜欢他们。）因此，如果你的自我形象是负面的，你就更容易认为别人不喜欢你。如果问题出在这里，那么有不少相关的书籍能帮助你形成积极的自我形象、提高自尊水平。

现在，我们先跳过“自我形象”这点不谈，如果你“预料”某人不喜欢你，无论你对自己的感觉如何，对方往往都会满足你的这一预料。即便你拥有良好的自我形象，但如果你认定某人不喜欢你，那么你仍然很可能会感觉到对方的行为表现和你的判断是一致的。不仅如此，你的“预料”甚至有可能在事实上促使对方表现出这样的行为。在人际关系发展方面，“预料”扮演着一个重要的角色。因为，正如我们在本书中一再看到的那样，你期望别人怎样对待你，别人就会怎样对待你。因此，你首先需要确保这一点：不是你不当的态度或错误的观念导致你们之间产生了隔阂。

假设你的自我形象、信念和态度都没有问题，那么现在我们再来思考以下这些研究，制定一个必胜战术，让任何人都能成为你最好的朋友。

很多研究表明，一旦我们发现对方喜欢我们，我们也会喜欢上他，这就是相互喜爱定律。一旦有人告知我们，某人仰慕、尊重、喜欢我们，我们往往也会对对方产生同样的情感。

那么，如何让对方知道你对他有好感？以什么样的方式传达效果最佳？不妨告诉第三人（此人可以是你们共同的朋友）你真诚地喜欢、尊重某某。当消息传到对方耳中后，你会大为惊讶地发现，她对你的态度迅速发生了转变。无论对方是你的同事、老板、助理、邻居，所有人都喜欢被人欣赏的感觉。让第三人知道你对此人的真实感受，然后你就可以静待奇迹发生了。

你也许会想：“为什么我不能自己跑去和他说呢？为什么要神神秘秘地通过第三人传达好感呢？”不要亲自向对方表示好感的原因有以下两点：第一，亲自告诉对方你对她的好感，有可能会让对方认为你并不诚恳。而当我们从第三人那里听到什么消息时，我们很少会怀疑消息的真实性。因为我们会这样想：“撒谎对她有什么好处呢？”

通过第三方转达好感效果更佳的第二个原因是，人的本性存在着一种怪癖：那些具有积极或中性的自我认知的人，在知道别人喜欢自己后会投桃报李、也喜欢上对方；但那些具有负面自我认知的人却会对此产生截然不同的反应。柯蒂斯等人的研究就证实了这一结论。就像你的自我形象会左右你关于别人如何看待你的判断，与此类似，对方的自我形象也会左右他对你的看法。如果他认为自己没有什么价值，不讨人喜欢，那么你那些和善的话语在对方看来就是没头没脑、毫无根据的，因而他很可能不会对你做出任何回应。但只需一点点简单的逻辑推理就可得出结论：即便是自视甚低的人也盼望别人喜欢他。因此，你必须绕过他的心理障碍——比如“这个人为什么对我这么好？”“他哪里有问题了？”这样的想法。而通过避免直接表达对他的好感，你就能绕过对方的这一负面的心理障碍。

如果对方把你当成威胁，那么他对你的厌恶更多地出于羡慕和嫉妒。你只需采用类似的方法，并对其略加修改，就能借此消除他对你的负面态度了。此时，你应该把重点放在“你多么仰慕他”这点上，向他说明为何你仰慕他这个人以及他做的事。一旦对方知道你确实尊重他，他就很难讨厌你或对你不好了，任何人都是如此。通过让他知道（同样，通过第三人）你很尊重他，你就和对方站在了同一战线，他会把你看成盟友，而不再是一个威胁。

很好，你学会了用第三人策略改变对方对你的态度，但当你和他不期而遇时，你又该说些什么呢？就闲聊几句吗？谈谈天气也许并不是一个糟糕的选择，但如果你真的想打动他，不妨运用一个能让别人对你产生好感的古老法则，这一法则是戴尔·卡内基提出的，他是一位深谙人性的思想家。当你和对方交谈时，谨记下面的话：与其花上整天的时间试图让别人对你产生兴趣，不如主动对别人表现出兴趣，这样你就能让别人更快地喜欢上你。而且，让别人滔滔不绝地谈论自己是件再简单不过的事，只要问对方几个关于他自己的问题，对方就能打开话匣子。

但是，如果对话的双方只有一个人在说个不停，那这就不是交谈，而变成了这个人的独白。因此，在谈论你自己时，别忘了一个关于人性的法则。我们更喜欢那些不仅喜欢我们，而且和我们相像的人。如果你能让对方发现你们两人对某一事物具有相似的信念或观点，你就搭建起了一座心理的桥梁，让对方感觉离你更近了一些，并由此对你更加友善。

此外，还有最重要的一点：别人是否喜欢你，并非基于他对你有何感受，而是基于你使他对他自己产生了什么样的感受。你可以花上一整天的时间，试着让他喜欢你、对你产生好感。但更重要的是，当他在你身边时，你给他带来了什么样的感受。无论你们两人是什么样的关系，唯有让对方感到舒适、自在、受欢迎、放松，你才有机会和对方建立起牢固、真诚、持久的友谊。

策略回顾

- 首先确保问题并非出在你的态度上。如果你预期对方会讨厌你，你就会通过这一歪曲的视角来解读对方的一切行为。
- 告诉第三方，你真的喜欢、仰慕或尊重此人。此时，互相爱慕法则就会发挥作用。
- 和整天想方设法地让对方对你产生兴趣相比，表现出对对方的兴趣能让他更快地喜欢上你。
- 和对方聊聊你们二人的共同之处，比如你们共同的想法、看法、价值观等。
- 对方是否喜欢你，建立在你让他对自己产生了何种感受的基础上。也许你的确是世界上最伟大的人，但如果你让他觉得自己无足轻重、不足挂齿，那么他就不会喜欢你。

30

在名誉受损之前及时终止谣言

你想在保护好自己的同时不显得戒备心重吗？你想让诋毁和谣言失去效力，反而为你所用吗？掌握下文介绍的这些确保万无一失的心理策略，你就能终止谣言、反败为胜。

谣言之所以能大行其道，是因为它是秘密流传、匿名传播的。也就是说，流言蜚语能够存在，依赖于其“秘密”流传的本质。如果你能曝光其源头，那么谣言就会像无源之水一样，很快枯竭、消失。在大多数情况下，最先散布谣言的人一旦被揪出来，就不太可能继续散布流言蜚语了。

以下这项研究足以证明这一策略的有效性。研究展示了“匿名”身份会让人的行为表现无所忌惮到何种地步。研究者津巴多做了这样一个实验：让纽约大学的一组女生穿上白色外衣、戴上头罩；让另一组女生不戴头罩，并且要求她们在衣服上贴上清晰可见的姓名标签。然后，研究者要求两组女生对一位女子实行“电击”。（当然，电击是假的，但两组女生对此并不知情，相信一切都是真实的。）结果，第一组女生对该女子实施电击的时长，是第二组女生的两倍。

伤害那些在我们看来并不真实存在的人，或者我们并不能实际看到的人，也会相对容易一些。在战争中，飞行员在城市上空投下一颗炸弹给他自己带来的心理创伤，远没有士兵近距离击毙一个敌人带来的心理创伤那样强烈，尽管前者造成的伤亡可能远远超过后者。好几项类似的研究告诉我们：如果要我们给某人的身体施加痛苦，那么当我们远离他（看不到他或他实际上距离我们很远）的时候，我们会更下得了手。同样，在给对方施加精神上的痛苦（比如散播污蔑性的谣言）时，这一规则同样有效。请注意，此处有两个彼此独立的心理学指标：第一，是否可见——我们能否看到此人；第二，距离远近——这个人实际上距离我们有多远。

这些研究，以及许多类似的研究，启发我们整理出了三条能够终止谣言散播的策略：第一，追本溯源，找到散播谣言的人，并追查到始作俑者。让他知道你已经知道他的身份了，也知道他做了什么“好事”。第二，你得让对方看到你也是一个活生生的、有血有肉的人。让他知道其所散播的谣言伤害的是一个真实存在的人。第三，只要有可能，亲自找对方说清楚。近距离的当面接触能让情势大大改善。

如果你知道谣言的始作俑者是谁，那么上面这一套策略很容易就能奏效。但如果你不知道呢？如果谣言已经闹得满城风雨，而你完全不知道这些谣言是怎么出现的，在最开始是谁散播出来的，那该怎么办？或者，虽然你知道造谣者是谁，但对方就是我行我素，毫不在乎他对你造成的伤害，也不在乎这些谣言给你的名誉带来了怎样的损失，那又该如何？如果你遇到了这些情况，以下这些心理学策略就是你最大限度止损的有效工具。

一个谣言会像野火一样飞快散播、四处蔓延，还是只会冒一下泡、闹不出太大的动静，这取决于以下两个关键点：谣言能够四下散播，主要是因为内容很有趣，并且似乎是可信的。人们常说，半真半假的谣言比彻头彻尾的谎言更加危险。这是因为，没人会散播那些明显虚假、荒诞不经的流言蜚语，但只要包含一点点真实的成分，谣言就会立即变得真实可信了，也就更为大家津津乐道了。

但你同样可以利用这两个要素来平息谣言。不要忙着去否定、终止谣言，或者去辩白什么，这样做只会让人们更加相信谣言、信以为真。相反，你可以自己编造一个更加离谱的谣言，将之前那个谣言的风头盖下去，但同时要将之前那个谣言的内容，编排到你所编造的新谣言中。比如，一条关于你曾经偷盗公司财物的谣言一时闹得沸沸扬扬。如果你试图否认，这种做法只会进一步“显得”你有罪。相反，你可以试着在此基础之上散播一条更离谱的谣言，比如，你用“偷来的钱”养活你领养的 36 个孩子，或者，你用“偷来的钱”买了一张太空飞船的票。这一新鲜出炉的、更加骇人听闻的谣言很难让人信以为真，于是，此前那条谣言的真实性也随之开始引发质疑。对于那些听上去不太合情合理的谣言，大多数人都懒得理会。如果整件事听上去完全像是杜撰的，那么谁有时间再细细探究，寻找里面是否有一点点的真实内容呢？没有人有理由这样做。这是因为，在人们的观念里，小道消息不是真的，就是假的，非此即彼。鉴于传言通常很少有什么实质性的证据，其真假自然由听者自行分辨。因此，一个谣言越是离谱夸张，就越说不通，也越无趣。在大量显然并非事实、毫无道理的信息中，真正具有伤害性的谣言内容就被稀释、雪藏了。没人知道到底应该相信关于谣言主人公的哪些内容才是真的。

所以，如果追本溯源的方法不能奏效，那么你只需将现有的谣言再夸大一下，将完全不足为信的信息添加进去就行了。这样一来，整件事都会被大家看作荒诞不经、不足为信的假消息。

策略回顾

- 如果你知道谁该为这些谣言负责，直接去找他。让对方知道你知道他是什么人，并且知道他都干了一些什么“好事”。
- 你应该向对方展现出自己是一个有血有肉、活生生的人，让对方知道其所编造的谣言中伤的是一个真实的人。
- 不要一味去否认、辩白或试图熄灭谣言，这样只会欲盖弥彰，让你更显得有罪。不妨编造一个更加离谱的谣言，使其盖过前面一个谣言的风头，同时把之前那条谣言所包含的内容也编排进去。

31

立刻停止言语谩骂

让无礼的家伙乖乖坐下来、闭上嘴！

当有人对我们表现得粗鲁无礼时，我们的第一反应通常是保护自己的尊严。因此，我们往往会这么回应对方："你怎么敢这样跟我说话?""我不喜欢你这样说话，现在我很不高兴。""不要冲我大吼大叫!"诸如此类。但这样一来，我们就受到了这个怒气冲冲的人的影响，把他的问题变成了我们的问题。你为什么要让别人来主宰你的情绪呢？为了这个人让自己火冒三丈，不正是让别人控制了你的情绪吗？这等于给了对方一项不小的权力，而这个人还是一个对你表现得十分粗鲁无礼的人。我并不是在危言耸听，因为这的确涉及极为强大的心理作用。

如果你从一开始就能克制自我防御的冲动，那么事态的发展也许会让你大为惊讶。不要说"你为什么这样对待我"，试着说"你今天好像过得不太顺利"；不要说"我什么都没做，不要和我这样说话"，试着说"这件事似乎让你不太高兴"。不要接管他的问题——这是他的问题，不是你的问题。只要你开始使用“我”这个词，你的心理机制就会发生戏剧性的变化，而整件事立刻就会变成你和他之间的事情。而如果你使用的是“你”这个字眼，你就避免了把这件事往你自己身上揽，而他的问题仍然是他一个人的事。

这样做既能避免你的情绪被扰乱，还能迫使对方为了解释他对你的所作所为，而不得不主动采取防御性的思考方式和行为方式。不要用语言引导对方主动寻找理由支持他对你的指责。相反，你要问他他出了什么问题，而不是你出了什么问题！最好是让他花点儿时间好好想想这个问题。

你会发现，如果你不采取防御性的回应方式，你就不会为对方的语言攻击感到心神大乱，因为只要你不让自己陷进去，此事就和你完全无关。

如果对方经常这样口无遮拦地谩骂你，而你和此人的关系还得继续维系下去，那么不妨看看下面的内容。人际关系的一大核心原则是：你“训练”对方怎样对待你，他就会怎样对待你。因此，你需要让对方知道他的行为是你不能容忍的。因此，你要做的第一件事就是让他注意自己的行为，并让他知道，这样的行为是你无法接受的。在理想世界中，这样做就足够了，但可惜我们并不生活在理想世界中。所以，我们不妨来仔细探究一下对方为何会这样做，而你对此又能做些什么。

他之所以这样对待你，往往是因为这样做能让他觉得自己很强大。如果你担心自己的人身安全，那么不妨承认他的“权威和力量”，以消除他的怒气。为了达到这个目的，你只需这样说：“你说得对，对不起。”这句神奇的话通常能立刻让对方闭嘴，不再对你进行恶毒的谩骂。随后，离开这里，和真正的权威人物取得联系。如果上述这些方法还不足以快速解决问题，你还可以使用这个策略：表现得比他更讨厌你自己，更生你自己的气。他冲你大吼大叫是因为他希望你和他陷入同样的负面情绪：怒气冲冲、深感受伤、心情沮丧、感到渺小。所以，如果你能让他相信你此刻比他更难受，那么他就会意识到，就算他继续大吼大叫，也没什么用了。当你开始鞭笞自己的时候，他就没有理由继续对你拳打脚踢了。当他的长篇大论结束之后，你应该离开现场，并认真思考一下你们二人的关系。

策略回顾

- 克制自己进行防御的冲动。如果这件事是他的问题，不要让它变成你的问题。当你开始说“我”这个字眼时，你的心理就会发生戏剧性的变化，而这件事也就成为你和他之间的事了。
- 如果你担心自己的人身安全，那么不妨先承认他的“权威和力量”，消解他的怒气。你还可以表现得对自己很生气，比他对你更生气，以达到同样的目的。

32

让所有人都对你敞开心扉

从别人那里得到你想要的具体信息

在问问题时总是得到含糊不清、敷衍了事的回答，这的确是一个令人困扰的难题。你得到了一个回答，但你没能获取任何有用的信息。本节介绍的心理学工具将帮助你轻松地具体化一个模糊的回答，得到更直接、更确切的答案。怎样才能将模糊不清的答案提炼为具体、详细、有用的信息呢？请看下面的例子，其中 b 的问话技巧要比传统的 a 问答模式有效很多。

例 1

a：

评论：我觉得这个会开得不太成功。

回应：怎么说？

评论：我就是这么觉得，不行吗？

b：

评论：我觉得这个会开得不太成功。

回应 1：你怎么知道，大家不是都对前景挺感兴趣的吗？

回应 2：是不是有人说了什么，还是说这只是你的印象？

回应 3：是你那天过得不太顺利吗，还是他们水平不够？

如果你的问题要求对方做出具体的澄清，对方就会觉得自己有义务做出回应。但如果对方本来就是泛泛而谈，而你提的问题提得太过笼统，那么你只会得到和之前差不多的答案。

例 2

a：

评论：我不知道我行不行。

回应：你说你不知道是什么意思？（你为什么不知道？）

评论：我就是不知道，不行吗？

b：

评论：我不知道我行不行。

回应 1：具体说说，是什么在妨碍你？

回应 2：那在什么情况下你会觉得你可以做呢？

回应 3：有哪些事情发生改变能让你觉得你可以做呢？

你会注意到，在上面的例子中，有时与你对话的人可能自己也并没有考虑得很仔细。因此，通过询问对方这些问题，你就能帮助他进一步厘清自己的想法，而对方当然也就能给你一个更清晰、更简明的答案了。

没人喜欢被别人步步紧逼，然后不得不为自己辩护的感觉。因此，当你询问对方在想什么、有什么感受的时候，对方往往会回答："我不知道。"这个回答会让你们的谈话迅速陷入僵局，留下你一个人去苦苦思索对方的答案。有时候，对方回答"我不知道"只不过是因为这么说比较省事，这就是我们往往会先抛出这个回答的原因。当你用传统的"怎么会"来询问对方时，对方往往立刻就会回答"我不知道"。不管怎样，当你听到"我不知道"的时候，不妨试着使用下面这些提问技巧来得到你想要的回答。（请根据当时的具体情境选择最合适的问题。）

- "好，那你能不能告诉我，你为什么会这么想？"
- "我知道你不知道，但如果让你猜，你觉得会是什么原因呢？"
- "可以告诉我，这里面的哪一部分是你同意的吗？"
- "你觉得以前有过和现在相似的情况吗？"
- "哪种心情最符合你刚刚在考虑的事情？"
- "如果只说一个理由，你能想到什么？"
- "用哪个词来形容你刚才的想法最贴切？"

这些回应都能减轻对方的压力。你先是向对方承认了这个问题的确不容易回答，之后，你看起来像是转移了话题、让对方说些别的，但实际上你提出新问题的目的就是让他回答原来的问题，打开对方的话匣子，让你们两人能继续有建设性地交流下去。

有时候，当对方觉得自己办了傻事，或对自己的行为感到内疚的时候，也会用一句“我不知道”来敷衍过去。在这种情况下，你首先得让对方放下思想包袱。这一心理策略的有效之处在于能够引导对方说出真实的想法，而不必担心你会评判其功过是非。毕竟对方很可能会觉得他并不是故意这样做的。这个办法很容易奏效，因为类似的说法能让对方觉得他并不需要为自己的行为负责——那样做并不是他的“本意”，他的行为并不是受到自己的意识驱动的。你可以试着这样说：“我知道你也不清楚自己为什么会这样做，你能想到任何驱使你那样做的潜在动机吗?”

策略回顾

- 当对方给你的回答含糊其词、语焉不详时，你可以问一个和他的回答相关，但更具体的问题。如果你只是泛泛地做出回应，那么对方只会继续笼统、含糊地回答你。
- 如果对方不知道该如何作答，试着让对方谈谈对事态的某一方面的看法，而不是让他分析全局。
- 问问对方是否有什么潜在动机在起作用，这样问能减轻对方的内疚感。因为这等于在暗示对方，你知道他并不是有意为之。

33

快速、轻松地应对他人的抱怨

让对方不再发牢骚

无论是在工作中还是生活中，只要依照下面的策略行动，你就一定能减少他人的抱怨，无论对方是谁，无论他抱怨的是什么事。第一步，学会倾听。令人惊讶的是，大多数人并不知道该如何倾听。倾听，意味着你先什么都不要说，专心听对方说。具体而言，你不要忙着赞成或反对对方，也不要和对方争辩。第二步，表示同意。但如果你没等对方说上几句，就迫不及待地同意对方的观点，对方就有可能认为你不过是在安抚或者迁就他。所以，你要先让对方把他想说的话都说出来，别轻易打断他，然后再表示同意。

有时，人们不过是心里憋得慌，想要一吐为快。在这种时候，不如让他们把话说出来。但有时，人们也可能是存心找碴、想要挑起争端。如果你不去打断他们，那么他们最后就会无话可说。而一旦你打断了他们，你就等于在火上浇油，很容易让原本是对方的独角戏升级为一场激烈的争吵。

没人喜欢被人操纵、被人利用。如果一个人对某人感到怒不可遏，那么 99.9% 可能都是因为：他认为某人不够尊重他，或者在某件事情上让他失了面子，对此，他感到受伤。在这种情况下，当他对你大肆抱怨的时候，你可以试着这样做：

首先，在他说话的时候不时给予一定的回应，让他知道你一直在听他说。你可以说类似这样的话安抚他："像你这样重要的人实在不应该经受这些"，或者"我知道你不习惯被人这样对待"，或者"换作是我，我也会生气"。如果对方本来正在义愤填膺地长篇大论，听到你这么说，他一定能消气不少。你最不想看到的就是对方越说越激动、攻击性越来越强。而通过执行第一个步骤，你就能轻松化解戾气。通过认真倾听、表示同意、安抚他的自尊心，你就已经让他感受到他的重要性了。这一"倾听—赞同—安抚"三部曲往往能让大事化小、小事化了。但如果这样还不行，试着继续使用下面的策略。

其次，你需要询问对方，他希望你怎么做。通常，对方提出的解决办法不会太过火，在大部分时候都比你为了补偿他所遇到的麻烦而准备付出的东西要少。在生意场上，我们往往会犯这个错误：为了避免更大的麻烦，我们愿意倾尽所有来摆平当下的麻烦。对此，我们需要注意：先别急着抛出你事先想好的补偿条件，问问他希望你如何做。

在个人生活场景中，对方的抱怨有可能含糊不清、语焉不详。比如，对方可能会说，"我不高兴""你真是让我抓狂"，诸如此类。尽管这些话语可能意味着你需要更严肃地考虑你与对方的关系，但面对当下的困境，有一个好办法能帮你解决问题：这时你该做的是，尽量问清楚到底是什么事让对方现在困扰不已。（具体可参见第32节“让所有人都对你敞开心扉”，了解如何让含糊不清的回答变得翔实具体。）

在实践上面这些方法的过程中，试着和对方建立一种默契，让对方对你产生好感，慢慢平静下来。你自己的行为表现会深刻影响对方的态度。如果对方在向你倾诉时，你双臂交叉放在胸前，那么这个身体姿势就好像是在说：“你打算什么时候闭嘴？”这样的动作只会进一步引发争执。因此，不要忽略这些细节，解开外套的扣子以示自己准备坐下来好好沟通，注意在倾听对方谈话时不要把双臂交叉在胸前，这些都能缓解对方的抵触情绪。当你和对方建立起默契，能够融洽相处时，对方就会觉得更自在，也会更愿意向你敞开心扉。默契能够带来信任，而借助信任，你就能在你们两人之间搭建起一座心灵的桥梁。你们的交谈会更加积极，而你的话也会更有说服力。我们不妨总结一下与对方建立默契的关键几点：

（1）姿势和动作保持一致

如果对方把一只手插在口袋中，那么你也这样做。如果对方打了个手势，那么你也可以在之后“随意地”打出那个手势。

（2）说话方式保持一致

试着在语速上与对方保持一致。如果对方的语调和缓、放松，那么你也这样说话。如果对方说话速度很快，那么你也说快一点儿。

（3）关键词一致

如果对方很爱使用某些特定的词或短语，那么试着在你说话时也用这些词或短语。比如，她说:“遭到这样的对待让我很不快”，那么在之后的交谈中，你也不妨这样说:“我知道受到这样的对待一定让你很不快”。注意，不要完全模仿她的一举一动、一言一语。模仿得太明显会让你徒劳无功。只要重复对方的行为或话语中的某些方面就足够了。在熟练掌握之后，这会是一个非常有效的技巧。

要点提示

在生活中，如果对方的抱怨是针对你而发的，那么采用下面这类措辞与对方沟通，你就能让对方的怒气立刻烟消云散，比如:“我真的太抱歉了，我感到十分羞愧。”这是因为，对方的自尊受到了伤害，而他希望用报复你的方式恢复他自己的骄傲，重新获得内心的平衡。因此，承认自己的错误就能在很大程度上让对方消气。狠狠地批评自己，因为这种话完全说中了他的所思所想——你是个白痴，如此一来，他就没有更多的话可说了。如果在执行了上述所有步骤后，你还在被他猛烈炮轰，那么请参阅本书第 25 节“让别人原谅你做的一切”。

策略回顾

- 不要说话，只需倾听。不时回应一下他之前说的话。说一些抬高他的话，增强他的自尊感和重要感。询问他需要你做些什么。

- 在实践上述这些方法时，与对方建立一种默契，让对方能与你相处得更自在、更舒适。

34

立刻停止嫉妒行为

人们通常认为，在人际关系中，最有可能嫉妒别人的那个人，一定自尊心不强。毕竟，如果一个人很自信、自我感觉良好，那么他根本就没有理由担心别人会把他的朋友或者伴侣抢走。但这种想法其实并不正确。事实上，研究发现，一个人是否善妒，与他的自尊心强弱并无太大关系。最容易引起一个人嫉妒心的，往往是一些与此人的自我价值密切相关的事物。

换句话说，从总体上抬高一个人的自尊水平往往不能解决问题。因为只有在某些特定领域——那些对方认为是塑造其个人身份认同的关键性领域中，他才会感觉受到威胁。比如，当一名医生听说另一位医生比他更擅长做某一项手术时，他就很有可能会嫉妒对方。然而，如果他听说的是他的邻居吉姆网球打得比他好，那么他很可能完全无动于衷。为什么？因为打网球这件事他根本就不在乎。他的个人身份、自我认同、他作为一个人的价值，都和他是外科医生这一点密切相关。

毕竟，他是一个外科医生，并不是一个网球运动员。

打个比方，假如你是一位妙龄女子，而且你有一个富有的男性朋友。你的男友英俊、聪明、体贴、勤奋，但一直缺乏安全感，因为他没有多少钱，却把钱财看得很重。因此，在他看来，你的那个男性朋友比他更“优秀”、比他更有价值。在这种情况下，你通常的做法很可能是给你的男友打气，告诉他他有多棒、你有多在乎他。但你会发现，你的一番劝说收效甚微。告诉对方你爱他、他比你的那个朋友更英俊更聪明，似乎无法浇灭他的妒火。这是因为，让他产生嫉妒心的根源不在这里。相反，你应该跟他说清，你那个朋友的“优点”——有钱——在你看来并不重要，这样一来，你男友的嫉妒心就会立即消失。

表示出自己并不重视别人有而对方没有的东西，就能让对方的嫉妒心随风消散。你的男友看重金钱，因此才会认为你的男性朋友高他一等，并且他认定你必然也是这样看待他的。他打翻了醋坛子，就是因为他嫉妒你的朋友，因为那个人拥有他没有的东西。

因此，在处理这个问题时，你应该着眼于你那位朋友的“优点”——在本例中就是他有钱，而不是你男友的那些优点。只需做出一个合理的解释，说明一下为何有钱与否你并不看重，你的男友就能解开心结了。比如，你可以这样说：“衡量一个男人是否优秀，关键并不在于他是否有钱，而在于他交了一些什么样的朋友。虽然我很喜欢我的这位朋友，但我觉得，到处炫耀自己有钱的人，无非是想以此弥补自己其他方面的不足所带来的欠缺感。我喜欢我的朋友，但他这样的做法让我感到难过。”在听到这一番话后，你的男友就不会介意你和他交朋友了。因为他再也不会认为，对方财大气粗这一点会对自己产生威胁。现在，此人有钱反而成了他的一大安慰，因为他相信，这正是你觉得此人缺乏吸引力的原因所在。

在采用这一策略时，你最好做得随意、自然一些，避免让对方认为你这样说不过是为了安慰他。若无其事的态度足以说明你就是那样想的，你希望对方了解你的感受，并且你并不是为了安抚他的情绪才说那番话的。

要点提示

如果你要应对的人天生善妒，对什么人、什么事都会陷入疯狂的嫉妒中，那么你就该稍微改变一下与其相处的方式。此人如此善妒，根源在于其深植内心的不安全感，他会“解读”你说的、做的一切，随后下定结论——他就是不能相信你。即便你和别人的关系清清白白、无可指摘，你仍然会遭到他的误解。由于各种失衡的情绪不断在他的脑海中翻腾，他完全丧失了逻辑。也许对他而言，最好的办法是接受真正的心理治疗。但如果你希望掌握一个暂时的应对策略，用以缓和他的情绪，那么你可以采用下面这个方法。他为什么那么爱嫉妒？因为在他看来，你们二人的关系是不平衡的，在这段关系中，你比他重要得多。并且，在他的潜意识中，他认为你早晚会自己发现这一点。因此，如果你也表现得善妒一些，公然猜忌他做的一切事，那么他的想法就会发生戏剧性的转变。事实证明，在人际关系中，双方疯狂嫉妒彼此的情况根本就不存在。这是因为，假如一方的嫉妒心很重，那么另一方就会“撤退”到更加中立的立场。

策略回顾

- 只有在涉及个人身份认同的根基的领域中，一个人才会觉得自己受到了威胁。因而抬高他的整体自尊水平并不是解决之道。你应该试着淡化他认为自己没有而别人有的某些特质。对方产生嫉妒心，是因为他嫉妒别人有而他没有的东西。

35

怎样得到最佳的建议

有人说，当一个人明明知道答案，却宁可自己不知道时，他就会向别人寻求建议。而有时候，我们向别人寻求建议，只是为了确定自己的想法。因此，如果你真的想要征求意见，那你就应该敞开自己的心胸。从你信任的人那里得到的可靠建议是无价之宝。问题在于，我们在征求建议时往往不得其法。

首先需要谨记的一点是，在向你身边的人寻求建议时一定要格外谨慎。举个例子，如果你正在从事一份工资很低的工作，而你向你的同事寻求关于是否应该回到学校深造的建议，那么你觉得他们会怎么想？他们的建议中很可能会掺杂嫉妒的成分，他们未必会从你的利益出发考虑问题。这是因为，你的同事们很可能已经习惯于为自己的不求上进开脱、辩解，他们很可能会用同样的一些理由来说服你继续与他们为伍。这并不是说你从他们那里就不可能得到好建议，只不过这种可能性的确很小。

同样，如果你最后做出的决定会给某人带来利害得失上的影响，那么请永远不要征求此人的意见。对方的立场越中立，他的建议对你的价值就越大。很多人会向自己的亲朋好友征求意见，但他们本身的利益往往也与事情的结果有潜在的关联。这并不是说他们不会考虑你的利益，但是，首先，他们的判断力会受到情感的蒙蔽；其次，他们也许会将自己的喜好强加于你，而未曾考虑到你的心意。

为什么我们得到的建议往往不怎么样？原因在于，你很难找到这样一个完美的咨询对象：他既会考虑我们的利益，又一点也不嫉妒我们，而且还不会武断地认为他知道怎样做对你是最好的。

永远不要只问一个人的意见。当你不知该何去何从时，去问第二个人、第三个人、第四个人，多多益善。无论是道路的方向，还是人生的方向，多多听取来自不同群体的人的意见，这将赋予你非凡的洞察力，让你明白应该怎样做。你问的人越多，你的视野就越开阔。综合不同人的观点和意见，往往能给你带来最佳选择。而且，即便你并不太了解对方，你仍然可以进入他的“大脑”，了解他的想法。想要获得对方的建议和关注，没有比这更有效的说法了：“有个事情，我想听听你的建议。”只要你用对了方法，你就很可能得到大量有用的信息，此方法效果之佳甚至会让你大吃一惊。

要点提示

有时候，你并不想向一大群人征求意见。比如，你知道你现有的两个答案一对一错，但你不知道哪个对、哪个错。因此，你希望能有一个公正客观，并且有相关经验的人能给你一些建议。此时，你可以寻找一位相关领域中的精英——这个人不仅具有精进的专业知识，而且还拥有丰富的处理类似问题的经验，因此他能够给你指明方向。在这种情况下，不要试图在咨询多人的意见之后再从中提取共识。你可以在征求和品味、偏好相关的建议时这样做，因为在这些问题上，每个人的意见都是主观的。但真理或最适合你的事物，往往是客观的，因而与此相关的建议，你最好向那些有丰富经验的人征求。这是因为，当只有一个做法是正确的时候，你只需要咨询那个真正懂行、做过这件事的人就行了。

除了拥有特定的经验，你所咨询的人应该能在为你提供建议之前，认真听取你的情况，仔细为你思量一番。如果他连话都没听你说完就匆匆打断了你，那么这种做法就说明对方只想让你聆听他的“教诲”，而并不想真正提供帮助。

策略回顾

- 敞开心胸听取别人的建议，而不是只接收你想听的信息，以证实你自己的想法。
- 不要向那些对你或你的想法心存妒意的人寻求建议。

- 不要向那些和你的决定有利害关系（无论是情感、财务，还是其他方面）的人寻求建议。
- 尽量从来自不同群体的人那里收集反馈。你得到的建议越多，你的视野就越开阔。

36

严厉批评别人却不会冒犯对方

当你想坦率严厉地批评某人，但又担心会伤害他的自尊心，让他感到尴尬或者难堪时，使用下面介绍的心理策略，你就能直言不讳地说出你想说的话，而对方也不会觉得接受不了。如果你能以这样的方式批评别人，那么你一定不会冒犯对方。

是否伤及对方的“自我”是一个重要的标准，因为“自我”是我们身上唯一会真正受伤的“部分”。你可以把“自我”想象成一个外在的形象或投影，即我们希望其他人怎样看待我们。一旦这一形象受到威胁，我们就会感到不自在。如果我们的“自我”受到了伤害，我们就会深感痛苦（然后奋起反击）。人的“自我”是很脆弱的（因为它只是一个形象而已）。因此，当你和别人交往时，你必须注意保护他们的自尊，因为你并不想伤害他们的感情。而且，对方越把你的话当真，他对这件事越敏感，你就越是要小心处理。

批评的方式很有讲究，你的做法是否恰当会带来天壤之别。你也许有过这样的体验：有时你能敞开心胸接受批评，但有时即便别人只是稍微说你几句，你也会觉得难堪得想要钻到地缝里，或者产生强烈的抵触情绪，忍不住想要争辩一番。你说了些什么，是怎么说的，是在何时、何地说的——你的批评能否被对方接受与所有这些因素密切相关。

在这一整体策略中，最重要的是你选择的时机。提出批评的最佳时机，是在远离事件发生的现场之后。比如，如果你想和你的爱人聊聊房事技巧，那么不要在你们房事后的 5 分钟就把这件事提出来，试试在你们离开当时的环境，比如在几天后你们开车外出时再提出来。

除了远离当时的现场环境，你还应适当推迟批评的时间，这一点也很重要。因为，如果你已经在事情发生后在口头上安抚对方“这没什么大不了”，那么在此之后立即批评对方就会削弱你的说服力。你应该等上几天，给他时间，让他的“自我”不再牢牢依附于当时的情境，也不会再对批评过于敏感。越是在接近事发情境（包括时间和距离上的接近）的条件下提出批评，对方就越坚持自己的行为没有问题，也就越容易生出防御心。

此外，当你批评对方时，以下 8 条心理策略也会助你一臂之力，让你能畅所欲言地提出反对意见，而不必担心这样做会冒犯对方：

（1）让他知道，你提出批评是因为你在乎他、在乎你们二人的关系，但注意不要说得太夸张。

（2）在私下里批评对方，永远不要公开批评。即便你认为那不是什么大事，你最好还是关上门再批评。

（3）在批评前先赞美一下对方，比如，“比尔，你是我遇到的最棒的情人，但我在想……”

（4）批评时应该对事不对人。换句话说，不要这么说：“在你……的时候，你真是令人讨厌”，最好这样说：“你很棒，但偶尔……”

（5）不要向对方暗示或假定这件事是他明知故犯、有意为之的。最好把对方犯下的错视为其在糊里糊涂甚至无意识的状况下做的。

（6）如果可以，你也承担一点点责任。注意，我说的并不是与对方共同承担“过错”。这背后的心理策略是：表明一种态度——是你和他在共同应对这件事，而不是你在针对他。换句话说，你也许可以这样说：“我当时应该说得更加具体一些”，这种说辞的效果显然比“我讨厌你如何如何”好得多。

（7）提出解决方案。如果没有答案，那么你一开始就不应该提出批评，因为提了也没有用。如果你认为，无论你说什么，对方都不会采纳你的建议，那么你也不应该再提了。即便你提，你也只是为了满足自己的利益，对解决问题根本于事无补。

（8）告诉对方并不是只有他才会犯错，这样的批评往往最有成效。因为你向对方传达了这样的信息：他犯的错是人人都会犯的。这就化解了你的批评对他的“自我”的冲击力，这样一来，他就不会认为你的批评是在针对他了。我们之所以会觉得自己受到了冒犯，归根结底是因为，我们认为对方的批评针对的是我们个人。

策略回顾

- 批评的最佳时机，是远离当时情境的时候。
- 适当推迟一下批评的时间。
- 告诉对方，你说这些是因为你在乎他。
- 永远不要公开批评。
- 批评前先赞扬一下对方。
- 批评时要对事不对人。
- 如果可以的话，主动承担一些责任。
- 提出解决方案。
- 让他知道，会犯错的不止他一个人。

37

让别人信赖你并对你知不无言

你是否希望立即赢得一个人的信任，对方对你打开话匣子，把你想知道的一切一股脑儿地告诉你？只需运用下文列出的具有针对性的心理策略，你就能赢得别人的信任，不管对方是谁。

假设你是一名警探、一位校长或一名牧师，你需要在短短几分钟内和他人建立起一种彼此信任的关系。你可以这样做：如果条件允许，并且时机也恰当，告诉对方一个秘密或者一件你的私事。这样做能够表明你信任对方。但你需要让他认为，是他自己赢得了你的信任，这点很重要。否则他很可能就会觉得你是个怪人，对谁都口无遮拦、掏心掏肺的。如果他觉得你信任他，那么他也更容易信任你。这样做不仅能讨对方的欢心，还让互惠定律发挥了作用。

把你自己的事情告诉对方，会让对方觉得你们的心贴得更近了。此外，他还会觉得自己应该投桃报李，也和你分享一些他的私事。于是，他就会向你敞开心扉，而这一策略的真正力量就藏在这里。这个心理现象非常有意思，也非常有用：一旦对方告诉了你一些信息——即便只是他的个人观点，他就比以前什么都不跟你说的时候更信任你了。他跟你分享得越多，他就越是觉得和你亲近。这就为日后他与你分享更私人、更隐秘的事情奠定了基础。

一旦某人开始和你分享秘密，他就会越来越信任你，这是一种发生在潜意识中的互动。这种潜意识层面的思维过程是这样的："我为什么要告诉你这些？我一定是非常相信你才会这样做。"为了减轻认知失调带来的糟糕感觉，他通过认定"我一定是真的相信你"这个结论，释放了内心的冲突。

如果对方守口如瓶，任何有用的信息都不肯透露，那么你可以试试下面的办法。你可以问问他，他对上帝之类很玄的事怎么看，或者问问他对生死轮回、堕胎之类的事有何见解。他很可能愿意与你谈谈这些事，因为在他看来，聊这些不会对他构成什么威胁，他不太可能落下什么可以被用来对付他的话柄。然而，在他这样做的时候，他已经以一种高度私密的方式向你敞开了心扉。他和你分享的远不止一个秘密；通过谈论这些事，他已经向你展露了他是一个什么样的人，暴露了他的个人意识。这种讨论会让他觉得他已经与你形成了一种联结，因而也就会更加相信你。

说来有趣，不同秘密的分量是不同的。和我们的个人身份——我们是什么样的人——最密切相关的，并不是我们的行为，而是我们的思想观念。通过这扇不设防的后门，你能轻易地获取对方的信任。而且，这类信息通常也更容易获取，因为对方会想："说说这些有什么关系呢？"但事实上，这种讨论能够轻易地暴露出对方的防御漏洞，从而让我们借此与其建立起情感上的联结。当对方向你表达他的观点之后，千万不要和他争辩是非对错。而如果你“碰巧”发表了和对方一致的观点，这将大大加强你们两人之间的心理纽带。你还能通过让对方关注他自己的情绪状态来增加对方向你倾诉的欲望。

这是基于有关支持和情感方面的研究得出的结论。施特伦茨和奥尔巴赫的研究显示，在一个令人不快的情境中，一个人越关注自己的感受，就越会想要把自己的感受说出来。在该研究组织的实验中，美国联邦调查局的受训者被要求参加一次演习，扮演被绑架的人质。部分受训者收到的指示是，关注当时的情境；而另一批受训者收到的指示是，关注自己当时的情绪状态；还有一部分受训者没有收到任何指示。结果，在这一高压情境中，得到关注自我感受的指示的受训者，其情绪觉察水平显著增加，这导致他们产生了寻求外界支持的强烈愿望。

情感相对丰富的女性，常常觉得她们和伴侣之间缺乏沟通，或对方没有给予她们需要的情感支持，部分原因也在于此。让对方关注她自己的情绪状态，会迫使对方在不知不觉中渴望从你那里寻求支持、向你敞开心扉、与你分享秘密。在运用这一策略时，你只需引导对方关注他对当下情境的感受，而不是当时的情况本身就可以了。这种做法将大大增强他的诉说欲，让他更想表达出自己的思虑和情感。如此一来，对方就会真的需要找人聊聊，以此宣泄一下她在生活中遇到的各种压力。

记住一点，永远别求着别人来告诉你。让对方知道，你想知道事情经过，是因为你关心他，而不是出于好奇。祈求别人告诉你一切，表明你只不过想知道事情的来龙去脉，并非真心想要帮忙。

最后，如果你想详细了解对方所做的某件事，那么在适当的时候，你可以再给他一点儿甜头，让他心甘情愿地说个明白。没错，帮助对方敞开心扉有一定用处，但未必每次都奏效。不妨主动给予对方一些实际的帮助。如果对方做错了什么事，或者惹上了什么麻烦，让他知道，无论他捅了什么篓子，你都愿意尽你所能地帮助他。如果你既能给他情感上的支持，又能给他实际的帮助，那么对方一定会向你吐露实情。

在某些情况下，如果对方做了什么他自己觉得丢脸的事情，那么他可能会担心，如果你知道了这件事，他在你心里的形象会变得不好。这将是你遇到的最后一个障碍。你应该让对方知道，你不会妄加判断，因为大家都会做出一些让自己感觉尴尬或后悔的事情。此时也是你主动向对方分享你的小秘密——你做过的那些丢脸的事——的绝佳时机。

如果他还是没有告诉你事情的全部，但他离开口只差那么一小步，需要你再推一把，那么下面这个小诀窍能让他更放松地向你敞开心扉。这个技巧可以促使他接受“自己当初为何要这样干”。而要达到这个目的，唯一的办法就是告诉他，那样做是有正当理由的。

在交谈时，你需要不断重复类似下面的话语，将“有理由”和“无理由”进行比较：（1）“你一定是觉得自己必须这样做，所以你才会这样做，除此之外还可能有什么别的原因吗？”（2）“任何人做任何事都是有原因的，只有疯子傻子才不需要理由，可你又不是疯子傻子。”（3）“你会这样做，是因为你知道当时你只能这样做。你在当时那样做是合情合理的，所以你才那样做了。你做的事是有意义的，不是吗？”

这些简单的话语会渐渐瓦解他的心理防线，让他认可自己的所作所为。有时，这个办法很快就能奏效，有时你还需要等上一段时间。但如果对方一而再、再而三地听到这样一些话语，那么他的心理防线必然会被你攻破，然后，他就会对你坦白，说出事实。

策略回顾

- 告诉对方一个秘密，或是你生活中的某件私事。当别人把自己的私事告诉我们的时候，我们不仅会觉得自己和对方的关系更加亲密，还会觉得有必要投桃报李，和他分享一些自己的私事。
- 问他对某些抽象事物或公共议题的看法。如果对方说出了自己的观点，不要和他争辩是非对错。如果你“碰巧”发表了和他一致的观点，这将大大加强你们二人的心理联结。
- 引导对方聚焦于自己的情绪状态，你就能迫使他在不知不觉中渴望得到你的支持、向你敞开心扉或和你分享秘密。应用这一策略时，设法让对方聚焦于他对当时情境的感受，而不是当时的情况本身。
- 如果条件合适，不妨给他一点儿甜头，让他更愿意向你吐露实情。帮助对方摆脱心理负担的方法通常收效不错，但未必每次都能奏效。

- 担心你从此会看轻他常常是妨碍他说出真相的一大障碍。让他知道，你不会妄加判断，而且大家都会做出一些让自己丢脸的事，你就能跨过最后的障碍。

38

处理棘手的（或愚蠢的）问题

在口舌之争中百战百胜，让对方节节败退

拥有如簧的巧舌、善于为自己辩护，这绝对是一笔宝贵的财富。我们常常被卷入荒唐的论辩中，被一些愚蠢的问题给纠缠住。关于如何处理这样的对话，人们已经说了很多、写了很多。但那些传统的建议存在的问题是：这些建议都假设你和对方之间的谈话是理性的、符合逻辑的、具有意义的。然而，如果你们二人之间发生激烈的争吵，其原因很可能正是你们都无法保持理性，也没办法让自己说出的每句话都符合逻辑且富有意义。因此，让你先深呼吸一下再说话，或者让你告诉对方你尊重他的感受，诸如此类的建议根本就是一些馊主意。如果你正在和一个缺乏逻辑、丧失理性的人对话，那么几乎可以肯定，这些策略根本就派不上用场。从理论上说，这些建议都很棒，但如果对方愿意和你平静、理性地交谈、交流思想，那么这场对话本身就不

可能陷入僵局。而本节提供的心理策略，建立在这样的假设上：你与对方的交流已经不再为理性的思维所控制。因此，你需要运用一些强势的手段迅速有效地取得谈话的主导权，并控制住局面。

几乎所有人都会犯的两个最大的错误

（1）在任何争论、辩论或激烈讨论中取得优势的首要原则是：永远不要自我辩护。

一旦你开始针对对方的指责进行自我辩护，你就输定了。你会越辩越累、吃力不讨好。为自己辩护等于接受了对方的指责，你会让自己失去退路。不幸的是，大多数人都会本能地想要为自己辩护，而且也一直被告知应该这样做。但这是错的。如果你见过那些拼命为自己辩护的人，你就会知道，这样做只会显得这个人问心有愧，而且，由于他一直处于守势，他很快就会沦为别人攻击的靶子。

（2）毫无置疑地接受对方论点的前提，并在此前提的基础上和对方论辩。

比如，有人对你说："你的气色看起来不太好，你为什么不好好照顾自己呢?"这番对话的前提是——你的气色不太好。从你的角度来说，你当然不希望有人把这一点作为前提，因为这样无论你说什么——为什么你照顾好了自己、为什么你没有照顾好自己、你是怎样照顾自己的，你都从一开始就处于不利的位置。比如，如果你说："嗯，那是因为我昨晚通宵没睡"，那么接下来对方就会说："你为什么整晚不睡觉？你没能完成工作吗?"现在，你就被迫卷进了一场辩论之中，而不得不为自己辩护了。

解决方案

既然你的目标是不让自己处于被迫防守的劣势位置，那么你就需要发起进攻、让自己处于攻势。这样你就能以攻代守、保卫自己的阵地。当你觉察到对方所提的问题意在对你进行恶意中伤时，你可以这样回答："我怎样回答才能让你满意呢？"

这样反问对方之后，你会得到的回答无外乎以下两者之一：第一，对方也许会说："我不知道。"如果是这样，你就可以说："既然你已经问了问题，而你连你自己想要什么答案都不知道，那我又怎么知道该如何回答你呢？"

第二，对方的确具体明确地回答了你。此时，你已经掌握了一定的主动权。请注意，现在是他在回答你的问题，也就是说，他已经没有退路了。举个例子，可能有人会说你的年龄还太小，所以不能去做某件事情。对此，你千万不要这样回答："不，我的年龄不是问题，因为……"（这实际上就是自我辩护，因为现在对方会将你陈述的理由一一驳回。）相反，你应该这样回答："那么你认为我多大年龄才有资格那样做？"假设对方说，34 岁就可以了。这时你就能继续追问："好吧，那么 33 岁呢，还是太小了吗？"现在，对方不得不为自己说的话辩护了，而你就可以不必再这样做了。

现在，最精彩的部分来了。当你让别人再说得具体一些的时候，对方就很难给自己说的话及其背后的观点找到充足理由了。比如说，在上个例子中，对方现在就需要说清，34 岁和 33 岁之间到底有什么本质区别。这是任何人都办不到的。如果他之后给出了回答，你就可以步步紧逼，不断追问对方为何他会那样认为，并让他说得再具体一些。

此处我们采用的策略是：想办法让对方解释为何他设定的前提是正确的，而非为何你给出的答案是正确的。很快，任何在一旁观战的人都会发现，与你对话的那个人开始逐渐变得刻板、顽固起来了，因为他不得不为自己的观点进行辩护。而实际上，在你尝试为自己辩护时，任何想法或信念一旦被简化得太过具体，总是会显得有点儿愚蠢。

所以，当别人问你问题时，不要进行自我辩护，不要从他给出的前提出发和对方争辩。相反，问对方问题，让他回答为何他认为自己说的、做的就是对的，然后让他去做自我辩护、努力捍卫自己的观点。

面对愚蠢的议论

有的时候，如果别人在说一些关于你的蠢话，或者对你说了一些蠢话，而且他们是在叙述而不是在质问你，这时你该怎么办呢？你做出的任何自我辩护方面的努力，都会显得像是强词夺理，并且会让你看起来戒备心很重、心烦意乱。但事实上，这种情况下，你同样可以在转瞬之间反败为胜、将劣势化成优势。

解决方案

“没有我你就什么都不是！”“你干的事蠢透了！”——在听到诸如此类的荒唐可笑的议论后，你可以这样回答：“你一定不是这么想的。”

再一次，对方不得不开始为他自己说的话进行辩护了。而且，你还能抓住他给出的理由与他争辩对错，而不是让他抓住你提出的理由与你争辩对错。

另外一个很妙的回答是："你为什么会说这样的话？""你为什么看什么都不顺眼？难道你生活中的一切都让你那么不满意吗？"看到了吗，这样一来，你就没有为自己辩护，而是迫使对方给出解释。而且，你永远也不必说出"我"这个字眼。如果你不把火引到自己身上，那么他还能和你争辩什么呢？

扭转局面

如果你快要输掉这场争论，你的观点缺乏事实佐证，你希望可以早点全身而退，那该怎么办？不要担心，以下这个绝妙的心理策略能立马救你一命。

如果你不喜欢对方提出的问题，那就不要回答这个问题，而是回答另外一个问题。你只要这样说就行了："从哪方面说？""具体怎么讲？"这就迫使对方不得不重新组织他的问题，而你就能回答这个更具体的新问题，而不用回答原来的问题了。并且，这样做丝毫不会显得你在逃避、躲闪什么。举个例子，假如对方问你："为什么所有的员工都在抱怨工作条件不好？"这个问题无论你怎么回答都没有胜算。这就像是问一个人他是不是还在打老婆。显然，这个问题不管他怎么回答都是错的。因此，你可以让对方把问题说得再清楚一些，并回答这个更具体的新问题。你们的对话有可能会是这样的：

“具体怎么讲？”

“哦，约瑟、弗雷德还有贝斯都说大家觉得午休时间太短了。”

现在你明白了，是3名员工在抱怨午休时间短，而不是所有员工都在抱怨工作条件差。这个非常具体的问题处理起来就简单多了。但你还可以继续往下问，让问题更有针对性。此时，先前向你发问的人就会比你显得更加气势汹汹、咄咄逼人。

“午休时间？”你继续往下说，“他们想要多长的午休时间？”你会发现，对方本来来势汹汹、准备和你争辩一番，但现在，他的气势已经荡然无存了。你设法回答了一个新的问题，使对方不得不进入防守状态，并被迫向你说明具体情况。

重申一下，你需要竭力避免让对方看出你在试图躲避问题，这点很重要。下面介绍的策略能从另一个方向帮助你巧妙地转移焦点而不让自己显得咄咄逼人，让你们的对话更有意义、更言之有物，同时不会让自己显得是在被动地防守。如果我们之前讨论的策略都不太适用，那么不妨试试这个方法。

在对方问了你一个棘手的问题之后，回应说“我想你真正想说的是……”（然后转换问题）。下面我们来看看具体的示例。

如果对方质疑你：“我认为你没有能力运营这家公司。”你可以这样回答：“我想你真正想说的是，如果我能证明给你看，我不仅削减了成本，还增加了效益，你就会对我产生兴趣，对吗？”他并没有这样问你，但他提问背后的动机的确被你说中了。因此，他只能被迫同意你的说法，因为除此之外，没有别的理由可以解释“为何你不能管理好这家公司”。现在，你只要说明一下你所准备的关于增加销售额的具体战略，而无须再回头理会他的指责了。

如果对方说:“我觉得你不在乎我们的感情。”你可以这样回答:“我想你真正想说的是，你很伤心，而我需要向你证明这样的事以后不会再发生了。”与前一个例子相同，你现在可以针对具体的情况进行应对了。我们很难理性而睿智地回答一个抽象的问题。所以，首先，你需要设法让问题变得更加清楚、明确，然后你再去做出回应。不要急于去回答含糊的问话和指责，因为无论你给出什么回答，你都没有赢的机会。将问题变一变，让它变得更加具体，然后再给出回答。

我们再举一个例子。如果对方质问你:“你怎么会把事情搞得这么糟?”你可以这样回答:“如果我理解正确的话，我想你真正想知道的是，你之前没有注意到的什么因素造成了现在的局面。”他并没有这样问你，但这个新问题显然更容易回答。

休息一下

最后，当别人对着你不停炮轰时，你肯定需要一些时间来整理你的策略，这时，你可以拿话搪塞对方，给自己争取一点儿时间。有一些句子能让对方一时愣住、反应不过来。换句话说，这些句子会让听者陷入暂时性的神思恍惚状态，因为他的大脑正忙着加工信息。在你需要时，你可以用这些句子来掌控对话的节奏或重新组织对话。这些句子能给你赢得一些时间，让你能借机整理一下思绪，并暂时打断对方原本连贯的思绪。在看到这些句子后，你会注意到，这些句子的句式多少都有点儿别扭，并且会让你的大脑在加工这些信息时“短路”

好几秒钟。这些手段在催眠术中也常会用到，目的是将一些暗示性的建议植入人的潜意识。这些能够让别人一时语塞的句子如下所示：

“为什么要来问我你自己都不确定的事？”

“你真的相信你以为你自己知道的事情吗？”

“我知道你在说什么，但这不能让它变成事实。”

“如果你真的希望我相信这件事，你就不会说出这种话了。”

“你问的问题你自己已经知道答案了，不是吗？”

“你真的认为你知道自己在想些什么吗？”

“你是不是没意识到你忘记了什么？”

策略回顾

- 永远不要自我辩护。一旦你试图为自己辩护，你就输定了。
- 不要自动接受对方设定的前提，否则你在最开始就会处于不利的位置。相反，让对方解释他为什么会那样想，为自己赢得主动权。
- 不要急着去回应笼统含糊的问题或指责。在这种情况下，你肯定赢不了。把问题变一变，让它变得更具体，然后再回答。
- 如果你真的不知所措，不妨借助催眠术的力量，给自己赢得一点时间，再思考一下，重新制定策略。

39

给父母的建议

马上让你的孩子规矩行事

怎样才能让你的孩子乖乖配合呢？当你的育儿技能遭遇这一严峻考验时，不妨让下面这些策略来助你一臂之力。

请注意一点，多动症和其他一些儿童的行为问题，往往源自生理因素而非心理因素。你的孩子可能对含有咖啡因、糖或其他物质的食物过敏（甚至一些表面看上去完全无害的食物，如小麦、米饭和牛奶等，也有可能引起孩子过敏），而过敏会导致严重的心理失衡。别忘了，小孩子哪怕只喝了几口可乐，也会出现和成年人喝了两三罐可乐后一样大的反应。如果你的孩子频繁出现兴奋过度、总是无法集中注意力之类的表现，那么你的育儿本领再高也不管用。总而言之，永远不要低估饮食对孩子行为表现的影响。

能否让孩子乖乖配合你，或者更进一步讲，能否让所有人乖乖配合你，受到两大关键因素的影响：支配感和情绪。因此，你可以试着这样做：第一，给予对方支配感；第二，在沟通时动之以情。这两点既能单独生效，也能协同作用。下面我们来看看具体的实例。

如何让孩子乖乖听你的话呢？无论是到点了孩子不肯上床睡觉，还是孩子不愿起来穿衣服，事实证明，下面这个策略非常有效：让他自己做选择。给他两个选择，并在这个选择中暗示你需要他配合的内容，让他积极参与到这个过程中来。比如，比起这样问你的孩子："你可以坐在桌前好好吃午饭吗？"你可以这样说："你是喜欢坐在椅子上对着电视机吃午饭，还是喜欢坐在桌前吃午饭，同时看看窗外的风景呢？"如果你让他产生了自己大权在握的幻觉，那么他就会更愿意配合你去行动。而且一旦他做出了选择，他就会坚持到底。

将这一策略用在成年人身上也同样奏效。研究表明，监狱中的囚犯如果对自己的生活环境有一定的控制权，比如能够在小范围内移动家具，选择电视台，自行决定何时开灯、何时关灯，那么他们的压力就会减小很多，蓄意破坏公共财物的行为也会减少。该领域中的研究还得出了另一个共识性结论：如果工作人员在执行任务和做出决定时拥有一定的自由度，他们的工作积极性往往会更高。

成年人（包括孩子们）应当让自己具备对生活的掌控感。否则，人们就会患上"习得性无助"，其特征是：认为自己无法控制糟糕事件一再发生，甚至无法控制生活中的日常事件。"习得性无助"可能会导致个体出现破坏性行为和心理问题。但在此必须提醒一点，给予孩子太多的自由而缺乏适当的约束，也会带来一些纪律方面的问题，有些问题甚至可以说是很严重的。孩子们需要一些可参考的指标不断推动他们向前，直到达到要求。如果不对孩子做出适当的限制，孩子就会变得行为乖张、毫无约束，直到遇到强大阻力后才会有所收敛。

另外一点是，不要企图用逻辑来说服孩子。那么，怎样才能让他乖乖听话、去做那些对他来说最有利的事情呢？你应该试着将冷冰冰的硬道理转换成能够影响他所处的现实的事物。比如，你希望孩子去刷牙，而告诉他不刷牙就会长蛀牙对他来说毫无意义，因为孩子对蛀牙没有概念。然而，如果你告诉孩子，如果我们好好刷牙，我们就能吃我们想吃的东西，那么孩子就更可能会乖乖刷牙，因为他肯定想吃各种美味的食物。

策略回顾

- 孩子的行为问题在很多时候源自生理因素而非心理因素。含有咖啡因、糖，或其他物质的食物可能会让你的孩子过敏，这种生理上的过敏会造成严重的心理失衡。
- 让你的孩子觉得他对生活拥有一定的掌控权。如果你让他产生了大权在握的幻觉，他当然会更愿意配合你行动。而一旦孩子自己做出了选择，他就会坚持到底。
- 在劝说时动之以情。将冷冰冰的硬道理转换成能影响孩子所处现实的事物。

40

避开一切身体攻击和性暴力

让自己活得更聪明

在本书提到的所有策略中，唯有本节介绍的这一策略不仅能挽回你的理智和自尊，还能挽救你的生命。为了让读者更好地了解这些心理策略的作用机制，以及应用它们的具体方式，我们将在下文中把人身攻击分成两大类：性暴力和身体攻击。

要点提示

如果袭击你的人只想要东西——现金、钱包、手提包、珠宝或者别的东西，换句话说，只要他要的不是你，那就把他想要的给他。这些东西没了都可以再买新的……但你自己就不行了。如果对方只想抢东西，那么你很“幸运”。

遭遇性暴力：请依次使用下面这些策略

首先请记住，不存在在任何情况下都能奏效的万全之策。你需要根据当时的情况尽快找到最有效的对策。以下提供的一些办法已经被证实在大部分时候能够奏效，但如果你需要更详细的信息，建议你还是打电话给相关部门了解一下具体情况。

（1）如果你和对方认识，比如你们以前谈过恋爱，或者以前见过面，那么试着让对方觉得他现在的行为让你感觉有趣和亢奋。如果对方蓄意强奸你，那么你只有一个目标，就是在受到伤害之前赶紧逃走。而如果你能让袭击你的人认为你根本就不想逃跑，你成功的概率就会大大提高。因此，如果你主动一点儿或表现得似乎有点儿喜欢他，那么由于对方当时正处于欲火焚身的状态，他很可能不会怀疑你的真实意图。然后，当你找到机会或在对方放松警惕时，将他弄伤，然后逃离现场。记住，如果他认为你愿意投怀送抱，那么他的攻击性就不会那么强，在行为表现上也会有很大的不同，这就给了你控制局面的机会。

人们往往会犯这样一个错误：在一开始时拼命反抗——无论是口头反抗、身体反抗或两者兼有。请克制你的自我防御本能。如果你不像是要自卫，那么对方也不会表现得攻击性很强，他的动作会放慢，他会放松警惕，这样你才能找到脱身的机会。

记住，你的第一选择应该是设法逃跑。但如果你发现自己一时半会没办法逃跑，那么就试着让对方以为他的行为正合你的心意。一些和受害者本来就认识的强奸犯往往真的会认为对方其实也希望自己这样做，因此当你进行这样的尝试时，你根本不需要花费太大的力气就能让他相信你的“诚意”。只要他认为你并不想逃跑，他就会放松警惕。而当他放松戒备时，你就可以行动了。

除了主动做一些身体接触的小动作，你还可以做点儿别的——没错，展露微笑。在本书中，我们已多次谈到了微笑的力量。微笑是一种通用语言，它表明你很舒适自在，全然接受当下的处境。所以，不妨试着向对方展露一个大大的、令人无法抗拒的微笑吧。

你还可以为你主动示好的行为寻找一个“符合逻辑的动机”，具体是什么动机则需要根据你与此人的熟识程度来编造。如果你给出的动机很有说服力，那么你还可以试着说服对方，你是个追求完美的人，你现在想换一个地方和他谈情说爱。

如果你不认识袭击者，你仍然可以试着让他“相信”你对他很感兴趣。如果你能和他说上几句话，那么你可以告诉对方这正是你梦寐以求的“情景”，而你希望这一切能够完成得更完美一些。告诉他他应该做些什么来完成这个目标，比如躺下来，脱掉你的衣服，等等。如果他照你说的做了，你就取得了一些控制权。然后，想尽一切办法让他无法得逞或者找到逃跑的机会。注意：如果对方继续袭击你，那么这一策略的使用也许会成为日后对你不利的证据。被告可能会以“你对他表示了明确的兴趣”为由，暗示你希望和他发生关系。

（2）试着让歹徒平静下来，劝他不要侵犯你。直接对歹徒说“住手”，一些女性就是仅仅通过说了这样一句话成功脱身的。要让这一策略生效，当事人说话时就必须更自信、坚决一些。你应该直接、清楚地说：“不！立刻住手！”

（3）如果你是在家中遭到袭击的，那么告诉对方很快就会有人回来。如果你是在公共场所遭到袭击的，那就试着大喊、尖叫，尽可能地制造骚乱，动静越大越好。

（4）你可以借助故意呕吐、排尿、打嗝或者诸如此类的“煞风景”的行为，让对方感到恶心继而放弃对你的侵犯。或者，你可以通过宣称自己有病，比如患有艾滋病，或者假装自己精神错乱、神志不清等，让对方失去兴趣。

（5）进行正当防卫。如果你决定和对方打斗，那就千万不要有什么顾虑，不要担心会把对方打成重伤。狠狠揍他的要害部位。眼睛、腹股沟、喉咙和鼻子，都是人体最易受伤的部位。如果你觉得自我防御会让你自己受到伤害，那就更不需要让自己有内疚感，毕竟活着才是最重要的。此外，那些没有进行自卫反击的受害者也不应该感到内疚或羞愧，因为有时候不还手可能才是最明智的做法。

要点提示

如果歹徒想把你带到别的地方去，那么无论如何都不要让他达成目的。研究表明，一旦对方把你带上了车，或把你带去了别处，那么你受害的可能性就会大大增加。拳打脚踢、大声尖叫，采取一切可能的行动避免被带离原地。最佳的防御就是机智的攻击。如果你避免了让自己陷入最坏的境地，那你就不必担心该如何摆脱最坏的境地了。机灵一点儿，谨慎为上。你永远不知道对方究竟是一个什么样的人。

遭遇身体攻击的应对策略（男女通用）

如果你学会了应用以下策略，你就能让自己避免遭到人身伤害。你唯一的目标就是毫发无伤地离开事发地点。所以，如果一定要二选一，那么“丢脸”当然比被“打肿脸”好太多了。

（1）假如有谁对你干了让你不爽的事情，你应该如何应对？重点在于，你永远不知道做了这件事的人到底是个什么样的人。在当今这个人人情绪外露、意气用事的年代，你必须多加小心。如果有人踩了你一脚、超了你的车、撞了你一下……不如就算了吧！他是故意这样做，借机挑衅，还是事出偶然？他是不喜欢你，想要在你面前显摆自己比你更高大、更强壮吗？他是在试图向你、向他自己或者向别人证明什么吗？就算你想半天，你也未必能想明白。而且更重要的是，有谁在乎这些呢？所以你完全可以一走了之。

（2）如果对方是你认识的人，而且他开始辱骂你了，那么你应该先整理一下思绪，想想对方这样做的动机。对方这样对待你，是因为这样能让他觉得自己很强大。试着平息他的怒气，不妨承认他的“权威和力量”。你只需简单地说：“你是对的，我很抱歉”，然后你就可以抽身离开现场了。

（3）如果以上的策略见效不够快，你还可以用这个办法：表现得你很生自己的气，比对方更讨厌你自己。他冲你大吼大叫，是因为他希望你能体会他的感受：愤怒、伤心、沮丧、卑微。所以，如果你能让他相信你此刻心里比他更难受，那么他再继续大吼大叫也就没有任何作用了。如果你已经在痛骂自己了，那么他显然就没有理由再对你大打出手了，因为他的“自我”已经得到了抚慰。

（4）有句老话说得好：“不要和比你更疯狂的人争论。”当你陷入不得不与他人对峙的时刻，不妨尽你所能地让对方认为你就是个疯子。尖叫、大喊、和想象中的人对话，随便什么都行。这一方法有效的原因在于：他想和你较量是因为他相信自己能赢。无论我们多么生气，当我们知道我们绝对打不过对方的时候，我们还会向对方挑战吗？如果你的所作所为完全在对方的预料之外，那么对方就会认为你这个人无法预测，什么事都做得出来，而这就让你成为一个真正的威胁了。如此一来，局面就不在他的掌控之中，他也就不会觉得自己有把握战胜你了。

（5）如果上述方法都不能奏效，那就动手吧，先下手为强，狠狠地击倒对方。不要首先挑起战争，但如果你别无选择，那就只能动手、把他打败。袭击对方的要害部位——眼睛、腹股沟、喉咙和鼻子，这些都是人体特别脆弱的部位。

策略回顾

性暴力：

- 首先克制自己想要自我防御的本能，无论是言语上的，还是行动上的。
- 试着让袭击者平静下来，劝说他不要侵犯你。
- 如果你在家中遭到袭击，那么告诉对方你的家人很快要回来了。如果你在公共场所遭到袭击，那么大喊、尖叫，尽可能地制造混乱，动静越大越好。
- 你也许可以通过以下方法让对方丧失侵犯你的欲望：故意呕吐、排尿、打嗝，达到让对方感到恶心的目的；宣称自己生病了，比如有艾滋病，或者假装神志不清、精神错乱，让对方对你失去兴趣。
- 采取正当防卫，袭击他的要害部位。眼睛、腹股沟、喉咙和鼻子，都是人体特别脆弱的部位。

身体攻击：

- 为了平息对方的怒气，不妨承认他的“权威和力量”，为此你只需简单地说：“你是对的，我很抱歉。”
- 假装你对自己更生气，比对方更讨厌自己，从而消除他意欲施暴的潜意识动机。
- 我们往往会远离那些比我们更疯狂的人。因此，不妨试着做出一些不可预测的行为。

- 如果以上这些策略都没能奏效，那就只能动手了。先下手为强，猛揍对方，袭击他的要害部位。重申一遍：眼睛、腹股沟、喉咙和鼻子，都是人体特别脆弱的部位。

后记

本书提供的心理策略，是用来纠正问题，而不是用来纠正人的。比如，如果你发现自己遭到了他人的虐待，那么本书会帮助你掌控这种有害的局面，这是毫无疑问的。但是，这背后更大的问题是：你为何会让自己处于这样的境地。对此，本书并未涉及。如果你发现他人在利用你，那么本书将帮助你看穿他们。但是，如何才能交到更好的朋友呢？在这点上，本书帮不上你。此外，如果你做事前没有考虑清楚、做错了事需要别人的原谅，本书也能帮助你，让你得到别人的宽恕。但是，如果你一再地做错事、不得不反复地向别人道歉，那么你就应该深入思考一下，你做了什么、说了什么，以至于总是伤害到了别人。在这一点上，本书也帮不上你。

如果你的伴侣很爱吃醋，那么只需运用本书中提到的心理策略——一个就够了，你就能在短短半分钟内浇灭对方的妒火。但是，你更需要做的也许是重新审视一下你们二人的关系，或者找出你的伴侣爱吃醋的根源，在这一点，本书帮不上忙。

本书有别于其他的心理自助类书籍，因为本书能轻松让你的人生变得更顺利、更省心，你并不需要花费太多的努力，只需运用书中提到的心理策略，你遇到的问题就能一一解决。但如果你一再地遇到麻烦，那么我认为，你更应该审视一下自己做出的人生选择。

在制定这些策略时，我尽可能地将“更大的善”作为基准，为这些策略注入一种道德感。比如，为了避免让别人尴尬或伤心而说谎，这样的说谎很可能对所有人都有好处。以及，如果使用欺骗的手段能让你免受伤害或被人利用，那么这样的欺骗就是可以被接受的。世事未必总是非黑即白那么简单，因此，我想感谢我的朋友——犹太教拉比亨利·哈里斯，感谢他帮我厘清了关于道德的一些要义。但我要说明的是，如果本书中提到的某些策略看上去似乎偏离了“道德的高地”，那都是我为了有效说明观点而导致的背离，它们并不能反映亨利·哈里斯的思想。

你会发现，本书会让你更喜爱自己、更热爱生活。这是因为，我们的内心之所以充满不安和挫折感，在很大程度上是因为我们无法有效地处理好人际关系，难以招架生活中的各种困境和冲突。当你开始应用本书中提到的那些策略，你会发现，一扇扇崭新的大门仿佛在你面前打开了，你变得更清楚自己是什么样的人、能做什么样的事了。而这一全新的自我形象能助你一臂之力，让你能根据自己的选择去打造属于自己的未来。你不会再随波逐流，沦为命运和环境的牺牲品了，相反，你将能主宰自己的命运，并充分利用生命赋予你的最美好的礼物——自由的意志。

写本书的目的是希望赋予你一种力量，让你能够“掌握自己的人生”。拥有这样一种控制力，能给你带来难以置信的巨大机遇。

除了帮助自己，你还能以一种前所未有的方式帮助别人。如果你自己都诸事不顺，那你就很难伸出手去帮助别人。而如果一切都尽在你的掌控之中，你就能取得更多的成就，对自己以及自己的人生有更强的认同感。更进一步，如果你能推己及人，让别人也拥有这种掌控人生的力量，你就能在更高的层次实现个人的飞跃。

尽情享受你的新生活吧！

致谢

我很高兴有机会向圣马丁出版社的那些杰出专业人士表示感谢。

首先，我要感谢执行主编詹妮弗·恩德林。每个作家都应得到与如此敬业、才华横溢的人共事的机会。我衷心感谢圣马丁出版社的宣传、营销、广告和销售部门，感谢这些不知疲倦的工作人员的努力和奉献，他们是：艾莉森·拉扎勒斯、约翰·坎宁安、史蒂夫·卡斯汀、约翰·墨菲、杰米·布里克豪斯、麦克·斯托伦斯、珍妮特·瓦格纳、马克·科胡特、达林·基斯勒、林恩·科瓦奇、杰夫·卡普休、肯·霍兰德；此外，我非常感谢百老汇销售部的全体人员，感谢他们为本书付出的持续不断的努力。

我特别感谢圣马丁出版社的出版人莎莉·理查森，感谢她对我的作品和这个项目始终热情不减。我还要感谢文字编辑埃斯特尔·劳伦斯的出色工作。

我衷心感谢我的朋友亨利·哈里斯，感谢他提出宝贵的意见和建议，他的智慧贯穿全书。我还要感谢我的朋友、经纪人——迈克尔·拉森和伊丽莎白·波玛达对这个项目的杰出贡献。

最后，这本书引用了许多著名心理学家的研究成果。为了人类心理学研究，他们奉献了自己的一生。正因为有了他们，这本书才能问世。

参考文献

Aronson, E., B. Willerman, and J. Floyd (1966). The effect of a pratfall on increasing interpersonal attractiveness. *Psychonomic Science,* 4.

Asch, S. E. (1946). Forming impressions of personalities. *Journal of Abnormal and Social Psychology,* 41.

Carlsmith, J. M., and A. E. Gross (1969). Some effects of guilt on compliance. *Journal of Personality and Social Psychology,* 11.

Cialdini, R. B., B. L. Green, and A. J. Rusch (1992). When tactical pronouncement of change becomes real change. The case of reciprocal persuasion. *Journal of Personality and Social Psychology,* 6.

Curtis, R. C., and K. Miller (1986). Believing another likes or dislikes you: Behaviors making the beliefs come true. *Journal of Personality and Social Psychology,* 51.

Dutton, D. G., and A. P. Aron (1974). Some evidence for heightened sexual attraction under conditions of high anxiety. *Journal of Personality and Social Psychology,* 30.

——— (1989). Romantic attraction and generalized liking for others who are sources of conflict-based arousal. *Canadian Journal of Behavioral Science,* 21.

Frank M. G., and T. Gilovich (1998). The dark side of self and social perception: Black uniforms and aggression in professional sports. *Journal of Personality and Social Psychology,* 54.

Freedman, J. L., and S. C. Fraser (1966). Compliance without pressure: The foot-in-the-door technique. *Journal of Personality and Social Psychology,* 4.

Higgins, E. T., W. S. Rholes, and C. R. Jones (1977). Category accessibility and impression formation. *Journal of Experimental Social Psychology,* 13.

Kahneman, D., and J. Snell (1992). Predicting a change in taste: Do people know what they will like? *Journal of Behavioral Decision Making,* 5.

Kellerman, J., J. Lewis, and J. D. Laird (1989). Looking and loving: The effects of mutual gaze on feelings of romantic love. *Journal of Research in Personality,* 23.

Kelley, H. H. (1950). The warm-cold variable in first impressions of persons. *Journal of Personality,* 18.

Kleinke, C. L., F. B. Meeker, and R. A. Staneski (1986). Preference for opening lines: Comparing ratings by men and women. *Sex Roles,* 15.

Langer, E., A. Blank, and B. Chanowitz (1978). The mindlessness of ostensibly thoughtful action: The role of "placebic" information in interpersonal interaction. *Journal of Personality and Social Psychology,* 36.

Leventhal, H., R. Singer, and S. Jones (1965). The effects of fear and specificity of recommendation upon attitudes and behavior. *Journal of Personality and Social Psychology,* 2.

Lipsitz, A., K. Kallmeyer, M. Ferguson, and A. Abas (1989). Counting on blood donors: Increasing the impact of reminder calls. *Journal of Applied Social Pscyhology,* 19.

Loftus, E. F. (1979). *Eyewitness Testimony.* Cambridge, Mass.: Harvard University Press.

Michaels, J. W., J. M. Blommel, R. M. Brocato, R. A. Linkous, and J. S. Rowe (1982). Social facilitation and inhibition in a natural setting. *Replications in Social Psychology,* 2.

Milliman, R. (1982). Using background music to affect the behavior of supermarket shoppers. *Journal of Marketing,* 46.

Montepare, J. M., and L. Zebrowitz-McArthur (1988). Impressions of people created by age-related qualities of their gaits. *Journal of Personality and Social Psychology,* 54.

Moreland, R. L., and R. B. Zajonc (1982). Exposure effects in person perception: Familiarity, similarity, and attraction. *Journal of Experimental Social Psychology,* 18.

Petty, R. E., J. T. Cacioppo, and R. Goldman (1981). Personal involvement as a determinant of argument-based persuasion. *Journal of Personality and Social Psychology,* 41.

Rhodewalt, F., and J. Davison, Jr. (1983). Reactance and the coronary-prone behavior pattern: The role of self-attribution in response to reduced behavioral freedom. *Journal of Personality and Social Psychology,* 44.

Roballey, T. C., C. McGreevy, R. R. Rongo, M. L. Schwantes, P. J. Steger, M. A. Wininger, and E. B. Gardner (1985). The effect of music on eating behavior. *Bulletin of the Psychonomic Society,* 23.

Ross, L., and S. M. Samuels (1993). The predictive power of personal reputation versus labels and construal in the Prisoner's Dilemma game. Unpublished manuscript, Stanford University.

Sarason, I. G., B. R. Sarason, G. R. Pierce, E. N. Shearin, and M. H. Sayers (1991). A social learning approach to increasing blood donations. *Journal of Applied Social Psychology,* 21.

Shapiro, D. R., E. H. Buttner, and B. Barry (1992). Explanations: What factors enhance their perceived inadequacy? *Organizational Behavior and Human Decision Processes,* 1.

Strentz, T., and S. M. Auerbach (1988). Adjustment to the stress of simulated captivity: Effects of emotion-focused versus problem-focused preparation on hostages differing in locus of control. *Journal of Personality and Social Psychology,* 55.

Vroom, V. H., and P. W. Yetton (1973). *Leadership and Decision-making.* Pittsburgh: University of Pittsburgh Press.

Walster Hatfield, E. (1965). The effect of self-esteem on romantic liking. *Journal of Experimental Social Psychology,* 1.

Weiner, B., J. Amirkhan, V. S. Folkes, and J. A. Verette (1987). An attributional analysis of excuse giving: Studies of a naïve theory of emotion. *Journal of Personality and Social Psychology,* 52.

Wing, R. L. (1986). *The Tao of Power.* New York: Doubleday.

Zimbardo, P. G. (1970). The human choice: Individuation, reason, and order versus deindividuation, impulse, and chaos. In W. J. Arnold and D. Levine, eds. (1969), *Nebraska Symposium on Motivation,* 17. Lincoln: University of Nebraska Press.